国家智库报告 2020（20）
National Think Tank
社会·政法

"五个一百"网络正能量综合评价研究报告

荆林波 主编　马冉 副主编

FIVE HUNDREDS NETWORK POSITIVE ENERGY
COMPREHENSIVE EVALUATION REPORT

中国社会科学出版社

图书在版编目(CIP)数据

"五个一百"网络正能量综合评价研究报告/荆林波主编.—北京：中国社会科学出版社，2020.7

（国家智库报告）

ISBN 978-7-5203-6787-5

Ⅰ.①五… Ⅱ.①荆… Ⅲ.①互联网络—精神文明建设—研究报告—中国 Ⅳ.①D64

中国版本图书馆CIP数据核字（2020）第119387号

出 版 人	赵剑英
项目统筹	王 茵
责任编辑	黄 晗
责任校对	闫 萃
责任印制	李寡寡

出 版	中国社会科学出版社
社 址	北京鼓楼西大街甲158号
邮 编	100720
网 址	http://www.csspw.cn
发 行 部	010-84083685
门 市 部	010-84029450
经 销	新华书店及其他书店

印刷装订	北京君升印刷有限公司
版 次	2020年7月第1版
印 次	2020年7月第1次印刷

开 本	787×1092 1/16
印 张	11.5
插 页	2
字 数	151千字
定 价	68.00元

凡购买中国社会科学出版社图书，如有质量问题请与本社营销中心联系调换
电话：010-84083683
版权所有 侵权必究

摘要： 本书分为总报告，"五个一百"网络正能量之榜样、文字作品、图片、动漫音视频作品、专题活动五个综合评价实证研究分报告以及附录三部分。

总报告梳理了项目的基本情况和意义，介绍了网络正能量评价的基础和方法，详细阐述了网络正能量综合评价AMI指标体系的构建原则，并对指标体系进行了深入解读。课题组在中国社会科学院中国社会科学评价研究院首创的AMI评价理论基础上，形成了较为系统、全面、具有可操作性、科学的网络正能量综合评价AMI指标体系。网络正能量综合评价AMI指标体系在吸引力、管理力和影响力3个一级指标的基础上，设有主题吸引力、需求吸引力、创作主体管理力、网络媒介管理力、公信力、政治影响力、舆论影响力等二级指标，并设有27个三级指标。

分报告分别介绍了"五个一百"网络正能量之榜样、文字作品、图片、动漫音视频作品、专题活动的评选情况、评选活动的经验，并结合实际情况提出了相应的对策建议。

基于网络正能量综合指标评价体系和大数据结果，附录部分进行了网络正能量指数多领域事件分析，包括2018年度十大互联网正能量事件、2019年第一季度正能量评论文章、2019年第一季度微信公众号涉军热文。

关键词： 网络正能量；指标体系；吸引力；管理力；影响力

Abstract: This book contains three parts, the general report, Five-hundred network positive energy comprehensive evaluation empirical sub-reports of model, literal, picture, animation audio and video, thematic activities, and appendix.

The general report sorted out the basic situation and significance of the project, introduced the foundation and method of network positive energy evaluation, elaborated the construction principle of network positive energy comprehensive evaluation AMI index system, and made an in-depth interpretation of the index system. Based on the AMI evaluation theory initiated by The Chinese Academy of Social Sciences Evaluation Studies, the project team has formed a relatively systematic, comprehensive, operable and scientific network positive energy comprehensive evaluation AMI indexsystem. The network positive energy comprehensive evaluation AMI index system is based on three first-level indicators which are attraction, management and influence, and contains second-level indicators such as theme attraction and demand attraction, and also concludes 27 three-level indicators.

The sub-reports respectively introduce the selection situation and experience of the Five Hundreds network positive energy selection activities in model, literal, picture, animation audio and video, thematic activity, and put forward corresponding suggestions.

Based on the comprehensive index evaluation system of network positive energy and the results of big data, the appendix makes a multi-field event analysis of network positive energy, including the top ten Internet positive energy events in 2018, the review articles of positive energy in the first quarter of 2019, and the hot articles related to military by WeChat public account in the first quarter of 2019.

Key words: Network positive energy, index system, attraction, management power, influence

目 录

一 网络正能量指数综合评价总体分析报告 …………… (1)
  (一) 项目的基本情况及意义 ………………………… (1)
  (二) 项目规划 ………………………………………… (8)
  (三) 网络正能量综合评价过程 ……………………… (10)
  (四) 网络正能量综合评价指数 ……………………… (13)
  (五) 网络正能量综合评价项目的经验反思 ………… (28)
  (六) 总结 ……………………………………………… (30)

二 "五个一百"之网络正能量榜样评选活动综合
  评价分析 ……………………………………………… (32)
  (一) 活动概述 ………………………………………… (32)
  (二) 活动规则与组织 ………………………………… (34)
  (三) 活动评选情况 …………………………………… (38)
  (四) 活动主要作用 …………………………………… (51)
  (五) 改进活动的对策建议 …………………………… (53)

三 "五个一百"之网络正能量文字作品评选活动
  综合评价分析 ………………………………………… (56)
  (一) 活动开展情况 …………………………………… (56)

（二）活动分析 …………………………………………（62）
　　（三）活动存在的问题及改进建议 ……………………（68）

四 "五个一百"之网络正能量图片评选活动综合
　　评价分析 …………………………………………………（72）
　　（一）活动概述 …………………………………………（72）
　　（二）对活动开展情况及相关数据的分析与评价 ……（76）
　　（三）推进活动的对策建议 ……………………………（93）
　　（四）总结 ………………………………………………（96）

五 "五个一百"之网络正能量动漫音视频作品评选
　　活动综合评价分析 ………………………………………（99）
　　（一）活动概述 …………………………………………（99）
　　（二）评选活动执行情况 ………………………………（101）
　　（三）申报作品数据分析 ………………………………（104）
　　（四）不足与建议 ………………………………………（115）

六 "五个一百"之网络正能量专题活动评选活动综合
　　评价分析 …………………………………………………（120）
　　（一）活动基本情况 ……………………………………（120）
　　（二）评选活动的组织运营 ……………………………（131）
　　（三）评选的基本经验 …………………………………（134）
　　（四）活动存在的不足与对策建议 ……………………（137）

附录 网络正能量指数多领域事件分析综合发布 ………（139）
　一 2018年年度十大互联网正能量事件解读 …………（139）
　二 2019年第一季度正能量评论文章解读 ……………（167）

三　2019年第一季度微信公众号涉军热文解读 ………（168）

参考文献 ……………………………………………（170）

后　记 ………………………………………………（173）

一 网络正能量指数综合评价总体分析报告

（一）项目的基本情况及意义

1. 项目背景

"五个一百"网络正能量精品评选活动由国家互联网信息办公室指导，中国互联网发展基金会主办，人民网、央视网、中国新闻网、中国青年网、环球网五家中央重点新闻网站承办，其他中央重点新闻网站、地方重点新闻网站及主要商业网站参与协办。"五个一百"网络正能量精品评选活动于2015年启动，目前已连续举办四届。活动主题为"传递正能量，网络更清朗"，旨在评选和集中展示一年来在重大政策、重大主题、重大活动、重大事件、热点问题和突发事件中发挥网上正面引导作用的优秀人物和作品，倡导广大网民自觉传播和弘扬正能量。评选活动包括"百名网络正能量榜样""百篇网络正能量文字作品""百幅网络正能量图片""百部网络正能量动漫音视频作品""百项网络正能量专题活动"五个评选项目。

评选活动分为外围征集、评委初评、网络公示、评委终审、榜单揭晓五个阶段。评选将面向全国进行作品征集，参评者可通过单位推荐、自荐或他荐方式进行申报。评选活动由相关领域的专家学者、媒体代表组成评审委员会进行评审，并对初评入围作品进行公示。在网络公示阶段，网友可对入围作品进行投票。评审委员会将参考展示期内的网友投票结果，每项选出

100名获奖者或作品。

2019年1月,国家互联网信息办公室委托中国社会科学院中国社会科学评价研究院依托"五个一百"网络正能量精品评选活动开展网络正能量综合评价,培育积极健康、向上向善的网络正能量。

天朗气清、生态良好、洋溢着正能量的网络空间,符合人民的根本利益;充斥着暴力、色情、欺诈、谣言等负能量的网络空间,对国家的安全和人民的利益构成侵害。对此,国家领导人有着清醒的认识和有力的应对。习近平总书记将"建设网络强国"作为中国未来发展的重要目标。自党的十八大以来,相继发表了网络主权论、网络安全论、网络法治与伦理论、网络空间治理论、网络文化与舆情论等重要论述,构建起适合中国未来发展和惠及全球的互联网发展重要思想体系。2015年12月,他在出席第二届世界互联网大会并发表主旨演讲时说,"要加强网络伦理、网络文明建设,发挥道德教化引导作用,用人类文明优秀成果滋养网络空间、修复网络生态"①。在2018年全国网络安全和信息化会议上,习近平总书记指出,"我们要本着对社会负责、对人民负责的态度,依法加强网络空间治理,加强网络内容建设,做强网上正面宣传,培育积极健康、向上向善的网络文化,用社会主义核心价值观和人类优秀文明成果滋养人心、滋养社会,做到正能量充沛、主旋律高昂,为广大网民特别是青少年营造一个风清气正的网络空间"②。习近平总书记在党的十九大报告中,明确提出要"牢牢掌握意识形态工作

---

① "学习强国"学习平台:《VW001.041 习近平论互联网建设与管理(2015年)》, https://www.xuexi.cn/lgpage/detail/index.html?id=18234995235551550980。

② 人民网—中国共产党新闻网:《七个关键词,带你读懂习近平的中国特色"治网之道"》, http://cpc.people.com.cn/n1/2019/0419/c164113-31038208-3.html。

的领导权""加强互联网内容建设,建立网络综合治理体系,营造清朗的网络空间"①,为新时代如何加强网络治理、建设网络文化、搞好舆论宣传工作指明了方向。

宣传工作在新时代要有新气象、新作为,要深化宣传阐释,让习近平新时代中国特色社会主义思想成为时代最强音;要加强网上传播,扩大习近平新时代中国特色社会主义思想的有效覆盖;要拓展方式手段,增强党的创新理论的吸引力和感染力。加强网络治理,紧握意识形态建设的领导权,在新时代意识形态宣传领域进行新作为具有重要意义。

2. 项目意义

(1) 模范评选活动集聚社会正能量

党的十八大以来,以习近平同志为核心的党中央高度重视思想道德建设,构建社会主义核心价值体系,大力弘扬民族精神和时代精神,建立健全功勋荣誉制度,广泛开展时代楷模、北京榜样等模范评选表彰,发挥示范引领作用,培育文明社会道德风尚,集聚社会正能量。

2015年12月14日,中共中央政治局召开会议指出,党和国家功勋荣誉表彰制度是国家激励奖赏的一种制度性安排。一个人为党、国家和人民建立了功勋,具有崇高的精神风范,就应该给予很高的荣誉,得到全党全社会尊重。建立健全党和国家功勋荣誉表彰制度,对培育和弘扬社会主义核心价值观、增强中国特色社会主义事业凝聚力和感召力具有重要意义。要充分发挥党和国家功勋荣誉表彰的精神引领、典型示范作用,推动全社会形成见贤思齐、崇尚英雄、争做先锋的良好氛围。②

---

① 人民网—中国共产党新闻网:《七个关键词,带你读懂习近平的中国特色"治网之道"》,http://cpc.people.com.cn/n1/2019/0419/c164113-31038208-3.html。

② 白晚莹、张文鹏:《新时期部队勋奖制度的完善对国防的积极作用》,《法制与社会》2016年第25期。

"时代楷模"是由中宣部根据时代楷模的职业身份集中组织宣传的全国重大先进典型,事迹厚重感人、道德情操高尚、影响广泛深远。时代楷模充分体现了"爱国、敬业、诚信、友善"的价值准则,积极弘扬了中华民族传统美德,是具有很强先进性、代表性、时代性和典型性的先进人物。通过运用文艺作品、宣讲报告、公益广告等多种形式生动展示时代楷模的感人事迹,热情讴歌时代楷模的高尚情操,大力营造学习先进、争当先进的浓厚氛围,凝聚起促进改革建设的强大精神力量。

2019年2月20日,中宣部向全社会发布"2018北京榜样"的先进事迹,授予他们"时代楷模"称号。50位"北京榜样"源自基层、植根平凡,他们用实际行动深刻诠释了习近平总书记提出的首都市民"热情开朗、大气开放、积极向上、乐于助人"的优秀品质,展现了热爱祖国、热爱首都的深厚情怀,积善成德、善满京城的道德追求,以及开拓进取、拼搏为美的奋斗品质。"北京榜样"评选活动通过自下而上,从社区(村)、基层单位层层举荐,评选出崇德向善、奋发向上的榜样人物,充分发挥榜样的引领和示范效应,汇聚强大正能量,着力引导、推动全市形成良好的舆论氛围、文化氛围、社会氛围。

(2)网络空间成为意识形态博弈的重要场域

互联网的出现,是一场划时代的"革命"。1994年,中国接入了世界互联网,那一年被称为"中国互联网元年";1997年,互联网进入寻常百姓家,开始了飞跃式发展;2014年,"互联网+"正式提出,标志着互联网演进并催生了经济社会发展新形态。中国互联网络信息中心(CNNIC)于2019年8月30日发布的第44次《中国互联网络发展状况统计报告》显示,截至2019年6月,中国网民规模达8.54亿人,互联网普及率为61.2%;其中,手机网民规模已达8.47亿人,网民通过手机接入互联网的比例高达99.1%。① 网络信息的传播形态也越来越多样。网络音乐原创作品得到扶持,网络文学用户阅读方式多样,网络游戏类型的多样化和游戏内容的精品化趋势明显。短视频应用迅速崛起,88.8%的网民使用短视频应用,以满足网民碎片化的娱乐需求。我国稳步发展互联网,积极加强互联网内容建设,建立网络综合治理体系,充分发挥数字经济的驱动作用,促进信息领域核心技术创新,推动互联网发展红利普惠共享,各项工作都取得了长足进展。

在互联网的推动下,"正能量"一词被广泛地延伸到政治、文化、经济和生活的各个领域,其语义也在使用中得到进一步丰富和拓展。"正能量"具有抽象和具体两个层面的内涵。在抽象层面,即社会文化学层面,"正能量"指的是一种积极向上、富有正义、希望和乐观的精神品质,能促使人不断进取,调动人们积极情绪的动力与精神。这种"正能量"可称为"社会正能量",是可以向外辐射的,其重点不在于获得,而在于给予,即在于影响他人、感动社会。在具体层面,侧重于富有成效的行为和举措。相应地,网络"正能量",是指通过互联网工具和媒介所传播的积极向上、富有正义、乐观进取、感恩奉献等具有感染力和号召力的精神和力量。

随着移动互联、大数据、云计算、人工智能等新产业和新应用的加速发展,互联网实现了"从媒介到服务到场景"的延伸,改变了人们沟通、交流和活动的方式,引发了国家治理模式的变革和社会组织形态的变迁,网络空间也已成为亿万民众共同的精神家园。当前,网络空间对经济社会的赋权特征日益明显,进而成为意识形态博弈的重要场域。在此背景下,构建

---

① 中国互联网络信息中心:第44次《中国互联网络发展状况统计报告》,http://www.cnnic.net.cn/hlwfzyj/hlwxzbg/hlwtjbg/201908/t20190830_70800.htm。

以网络正能量为导向的主流意识形态网络话语权无疑具有重要的政治意义。

一是掌握网络交往与对话中的舆论主导权。网络意识形态话语权，在互联网传播过程中不仅生产知识、舆论和权力，还实现着对舆论体系的梳理，并通过价值渗透、语言塑造等产生支配力量，使大众认同主流意识形态。

二是维护中国网络意识形态安全。在互联网时代，意识形态话语权不仅表现为一种语言与话语的交流，更是一种力量的展现。增强我国主流意识形态话语权，就必须在网络空间传播中国的文化传统、政治信仰、发展理念等，展示中国经济、政治、文化和社会发展过程中取得的伟大成就。

三是回应西方网络意识形态的质疑与偏见。一些西方国家将中国意识形态置于西方文明中心论的框架中进行解读，利用网络隐蔽性、虚拟性等特点贬低、抹黑中国的政治制度、经济模式、文化理念。因此，弘扬网络正能量，掌握主流意识形态网络话语权，有助于打破西方话语霸权，增强社会主义意识形态的吸引力、影响力，深度参与全球性的意识形态较量。

（3）推进实施网络正能量综合评价项目具有重大的现实意义

为了应对信息时代对主流意识形态的冲击和挑战，充分运用互联网思维和方法，发挥精准有力的网络文化引领功能，补齐网络治理中意识形态建设的短板，掌握网络文化意识形态的领导权，打造文化意识形态话语权制高点，推进实施网络正能量综合评价项目具有重大的现实意义。

第一，推进实施网络正能量综合评价项目是建设网络强国的需要。党的十九大提出的网络强国，重点指向网络文化强国。在一个全球化和信息化的时代，网络应是中国先进文化的积极引领者和践行者，应积极响应和深入推进马克思主义中国化、时代化、大众化，加强思想道德宣传，深化中国特色社会主义和中国梦宣传教育，弘扬民族精神和时代精神，加强爱国主义、集体主义、社会主义教育，引导人们树立正确的历史观、民族观、国家观、文化观，普及科学知识，弘扬科学精神，开展移风易俗、弘扬时代新风行动，抵制腐朽落后文化的侵蚀，强化人民群众的规则意识、社会责任意识、奉献意识。

第二，推进实施网络正能量综合评价项目是培育和践行社会主义核心价值观的需要。创新宣传的形式，运用网络传播规律，弘扬主旋律，激发正能量，把握好网上舆论引导的时、度、效，为广大网民特别是青少年营造一个清朗的网络空间，是培育和践行社会主义核心价值观题中应有之义。

第三，推进实施网络正能量综合评价项目是新时代意识形态宣传的需要。正能量是以内容建设为风向标，建立正能量评价体系，进行意识形态内容建设的必然要求。网上管得住是硬道理，建立正能量评价体系是要掌握网络意识形态话语的话语权。目前网上评价体系乱象丛生，商业公司以其自身产品特征数据为指标形成评价，一方面为其商业目的服务；另一方面使政府对其形成依赖，对政府在主流话语的影响力形成干扰。借助中国社会科学院智库天然舆论引导作用和学术公信力，为网信办的正能量评价体系提供理论支撑，以智库研究成果的指数发布、研究报告发布的方式，掌握什么是网上正能量，建设什么样的正能量，形成以我为主导向，扩大"五个一百"的影响力。中国人民是具有伟大创造精神的人民，我们要坚定中国特色社会主义道路自信，把马克思主义这一认识世界、改造世界的强大思想武器作为互联网的指导方向和思想，牢牢掌握意识形态建设的领导权，更好地推进新时代意识形态宣传。

第四，推进实施网络正能量综合评价项目是网络综合治理的需要。中国网民网站众多，网上信息海量，应加强互联网内容建设，建立网络综合治理体系，营造清朗的网络空间。

第五，推进实施网络正能量综合评价项目是构建网络空间命运共同体的需要。网络空间是一个共识的空间，网络正能量的评选是大家集思广益、增进共识，进行文化信息交流，让互联网发展成果更好造福中国人民和世界各国人民的重要形式。

第六，推进实施网络正能量综合评价项目是网络发展的需要。习近平总书记在文艺工作座谈会上的重要讲话指出："只要有正能量、有感染力，能够温润心灵、启迪心智，传得开、留得下，为人民群众所喜爱，这就是优秀作品。"① 的确如此，一部好的作品流传久远，内在品质和精神力量是第一位的。在移动互联智能时代，传播格局发生了翻天覆地的变化，新媒体、自媒体扑面而来，改变了网络空间的业态，处于转型期的传统媒体和新兴媒体在舆论引导力上显得比较乏力。目前，只有好的内容是不够的，"酒香也怕巷子深"，必须创新理念、体裁、形式、业态、体制与机制，一次采集、多重加工、多平台发布，满足不同受众群体对同一信息的不同需求。②

（二）项目规划

1. 基础理论建设

理论研究对实践应用具有指导和引领的作用，没有理论基础作为支撑，实践将很难开展。因此，我们在做评价指标体系的时候，要理论和应用同时并重。评价指标体系既要能够为实践应用提供有效支撑，又要在实际运用中不断检验和完善，以构建一个科学、有效、可持续性的网络正能量综合评价指数，为网络正能量的宣传和传播以及营造健康的网络环境提供源源不断的动力。本项目依托中国社会科学院社会科学研究的实力以及中国社会科学院中国社会科学评价研究院的理论和实践经

---

① 默盐：《习近平谈文艺工作，这10句话振聋发聩注定影响深远》，http://news.eastday.com/c/20151015/u1a9064883.html。

② 沈正赋：《信息采制主体及其传播方式的历史嬗变与现代转型》，《现代传播》（中国传媒大学学报）2015年第8期。

验，以中国前沿的综合评价指标体系构建理论为参考，开展网络正能量综合评价相关理论研究工作，形成一个科学的、具有可操作性的综合评价指标体系。

2. 人才储备

自成立以来，中国社会科学院中国社会科学评价研究院十分重视人才的培养和储备，为了使研究工作更加科学、全面，积极招贤纳士，已经形成了一支由马克思主义哲学、经济学、法学、新闻学、文学、文献计量学等多领域、多学科专家组成的研究团队，为开展更加科学、全面的研究和实践提供了全面、持久的智力支持。

与此同时，中国社会科学院中国社会科学评价研究院与国内外的相关研究机构和智库都建立了广泛而深厚的合作关系，形成了一个资源共享、相互协作的研究网络。

3. 原则目标

在认真学习了习近平总书记关于网络治理的一系列讲话以及中央关于开展网络综合治理、传播网络正能量的要求后，课题组与网信办领导深入沟通并与人民网、央视网、中国新闻网、中国青年网、环球网五家承办单位多次座谈交流。课题组认为，在网络正能量综合指标体系的设计方面，不仅要考虑一般综合评价指标体系构建的原则和理论，还应当以"宣传和传播网络正能量、打造健康绿色的网络生态环境"为最终价值目标和核心追求，综合考虑网络空间的运行机制和特征、决策影响、政治影响和社会影响等各方面因素，坚持"定性与定量研究并举、主观标准和客观标准相统一、动态指标与静态指标相结合"的原则。同时，在数据遴选方面，要统筹把握，在遵循全面、客观、科学、合理的选取原则的同时，既要提炼共性，又须注重差异化特征，以形成定位明确、规模适度、结构科学、操作性强的网络正能量综合评价指数。

（三）网络正能量综合评价过程

1. 评价基础

"网络""正能量""作品"是网络正能量宣传的关键词，也是网络正能量评价体系的核心。其中，"网络"是时代发展的产物，是网络正能量传播的空间和领域，表明了正能量作品评选活动的新时代背景和节奏；"正能量"是网络正能量宣传的本质要求，也是网络正能量评价体系的精神内核与实质；"作品"则是网络正能量传播的媒介和载体，没有好的作品对网络正能量进行宣传，网络正能量就无法有效传播。

（1）网络

"网络"一词标志着网络正能量评价活动立足的是互联网领域。1984年人与人之间第一次实现了通过"互联网"进行较大规模的信息交换，这昭示着人类互联网时代即将到来。时至今日，互联网成为全世界范围内信息汇聚和能量传播的最主要平台和渠道之一，为各种观点的表达和情绪的传递开辟了新的公共领域。2014年，"互联网+"正式提出，标志着互联网演进并催生了经济社会发展新形态。网络信息的传播形态越来越多样，涵盖了文字、图片、音视频等各种形式但其传播形式和内容的极大丰富也导致了治理上存在很大的难度。

（2）正能量

正能量是网络正能量评选体系的内核。互联网的发展打破了传统媒体既有的相对封闭的空间，形成了一个开放、多元、多向、迅捷的网络媒介和领域，这些特点直接导致了网络空间的构成极度复杂，并加大了网络治理的困难。而网络正能量则是网络意识形态的主流方向，贴近实际、贴近生活、贴近群众，引导网络民意理性表达，有利于清朗网络空间和营造健康向上的网络环境，使网络世界有规矩、有秩序、有担当，与历史契合、与时代同脉、与国家共通、与个人共发展。

（3）作品

作品是正能量评价体系的对象，也是正能量传播的媒介。在网络正能量评价标准下，好的网络作品不仅要符合文学、图片、视频等专业领域的审美标准，也要符合正能量的标准。能够澄清谣言、揭露鞭挞社会丑恶的作品，能够生动反映爱国的正气、正直的勇气、年轻的朝气、正义的底气、仗义执言的锐气和绝不低头的豪气的作品，有利于青年人树立正确的人生观和价值观、激发青年人奋发向上的热情、净化网络环境、培养人们乐观向上的精神的作品，能够体现社会主义核心价值观、激发公民的社会责任意识和家国情怀的作品，都是符合网络正能量评价标准的作品。

2. 评价办法

（1）访谈和调研

"网络正能量综合评价指数研究"项目正式启动以来，课题组针对国内网络正能量传播现状开展了多轮调研工作，与"五个一百"网络正能量精品评选活动主办方和承办单位多次座谈交流，并实地考察部分商业网站，在广泛听取各方意见和建议的基础上，对所得数据进行整理，运用大数据分析法形成了网络正能量之榜样文字作品、图片、动漫音视频作品、专题活动五个综合评价实证研究分报告五篇分报告。

1）课题组与网信办负责人进行了座谈交流，确定了项目的研究方向为构建网络正能量综合评价指数，在创新和改进宣传手段方面，牢牢掌握文化发展的方向和网络传播的规律，掌握新时代网络空间的话语权。

2）课题组分别前往人民网、央视网、中国新闻网、中国青年网、环球网五家"五个一百"网络正能量精品评选活动承办单位，实地调研并与相关负责人座谈。通过了解连续三届"五个一百"网络正能量精品评选活动，掌握了既有网络正能量宣传工作的基本内容和主要特征。

3）课题组分别召集抖音、今日头条等商业网站负责人开展了座谈，对商业网站传播网络正能量的工作进行了了解，对其网站推送算法和作品审查机制进行了多方位了解。

（2）数据处理

课题组根据中国社会科学院中国社会科学评价研究院首创的"AMI评价指标体系"的设计原理和基础，运用归纳法、类比法、定性分析方法、定量分析方法、大数据分析方法等各种方法对调研过程中获取的数据和信息进行了处理，形成了针对榜样、文字、图片、动漫音视频、专题活动五种网络正能量传播媒介作品类型的综合评价指标体系。

（3）理论归纳

在调研同时，课题组广泛搜集中央领导关于网络治理的讲话、批示以及中央政府及各个部门关于网络空间治理的文件、各大媒体关于网络正能量的社评和文章，以及各社会团体、个人关于网络正能量传播的看法和意见，深入学习和解读，对网络正能量的内涵和外延进行了重新界定，对网络正能量宣传工作的经验进行了全面总结，并对未来网络正能量宣传工作的部署提出可靠的依据和原则。

（4）创新之处

网络正能量综合评价指数主要有以下三个创新之处。

第一，主观指标客观化和客观指标抽象化并举，系统又不失具体。课题组在网络正能量综合评价指数的构建中，尽量对价值引导力、社会心理影响力等主观指标进行客观化处理，使整个指标的考察更具有可操作性，而对作品点赞、回复等客观化指标进行提炼以形成需求吸引力指标体系。这样的设计实现了主客观指标的相互统一，使得整个综合评价指标体系既具有统筹性，亦不失可操作性。

第二，静态指标和动态指标相结合，稳定不失开放。比如对社会行为影响力，我们就通过对"社会对作品反映的事件或情况的参与态度（点击、回复、点赞）"以及"社会对后继产生的类似事件或情况的参与态度转变"两方面进行考察，一静一动，形成对社会行为影响力的多角度、全过程分析。动态指标和静态指标的结合使整个网络正能量评价指标体系兼具稳定性和开放性。

第三，三个"首次"。该项目是首次由中央级别的网络主管部门委托第三方对网络生态环境进行考察，为网络治理出谋划策。首次由权威第三方对网络正能量的定义和内涵作出统一界定，有利于达成全网络、全社会对网络正能量的共识，助力网络意识形态的管理。首次实现了对网络正能量考察的指标量化，使对网络正能量的认定有了科学、全面和具有可操作性的参考标准，成为网络治理的有力工具。

（四）网络正能量综合评价指数

综合评价是人们认识、理解并影响事物的重要手段之一，它是一种管理认知和决策的过程，是对评价对象进行排序和优选的标尺，有助于改善实践、优化管理，在经济、社会、科技、教育、管理与工程实践等领域具有广泛的应用。综合评价的理论与方法体系主要包括评价目的与流程的确定、评价指标体系的构建、评价指标权重的确定、评价数据来源与处理、评价信息集成与融合、评价结果运用与反馈六个方面。[1] 而评价指标体

---

[1] 彭张林、张爱萍、王素凤、白羽：《综合评价指标体系的设计原则与构建流程》，《科研管理》2017年第S1期。

系的构建是这六个基础方面的中枢环节。构建一个科学的评价指标体系是得到精准评价结果、实现科学有效评价的基础。评价指标体系是指由表征评价对象各方面特性及其相互联系的多个指标,所构成的具有内在结构的有机整体。[①] 一般活动的开展都是以一定的目标为导向,依据一定的流程和标准进行决策、实施和管理。针对活动设计评价指标体系,有利于实现对活动开展的全方位规制,有利于提高活动水平,充分体现活动效果,降低风险,规范预算,使得活动策划和实施更加科学化、合理化。以指标和数据说话,避免盲目性和主观性,实现资源的合理配置。

1. 网络正能量综合评价指数构建原则[②]

网络正能量综合评价指数是以网络正能量传播媒介——作品为主要研究对象,以服务党和政府关于网络正能量传播、营造绿色健康网络环境为最终目的的评价体系。由于综合评价指标体系构建的复杂性,需要用系统性思维,综合考虑评价的目的、评价的问题与对象、评价数据的来源、评价的时间窗(评价事件或行为所具体发生的时间窗口)等因素进行设计,[③] 力求科学、客观和具有可操作性。构建一套科学的综合评价指标体系必须遵循一定的原则。课题组结合网络正能量评价活动本身的特点,认为网络正能量评价指标体系的构建必须遵循以下原则。

其一,目的性原则,充分考虑综合评价指标体系的目的。

[①] 毕可佳:《基于企业盈余管理治理对策的管理层绩效评估制度探究》,《中小企业管理与科技(上旬刊)》2012年第6期。

[②] 部分内容参考彭张林、张爱萍、王素凤、白羽《综合评价指标体系的设计原则与构建流程》,《科研管理》2017年第S1期。

[③] 彭张林、张爱萍、王素凤、白羽:《综合评价指标体系的设计原则与构建流程》,《科研管理》2017年第S1期。

在一般综合评价指标体系中，指标是目标的具体化，目的性原则要求评价指标要能客观反映综合评价的目的，准确描述对象系统的特征，并涵盖为实现评价目的所需的基本内容。同时，评价指标在体现评价目的的基础上也应具有一定的导向性，能够对未来实践优化作出指引。目的性原则是其他原则的基础。而网络正能量综合评价指数的构建具有客观目的和主观目的双重目标：客观目的即建立一个对网络作品正能量认定的综合指标体系，筛选富有正能量的作品；主观目的则是引领互联网向上、向善的精神，实现网络空间的有效净化。

其二，指标体系设计契合网络能量传播的一般规律。网络作品的传播遵循"作品本身—作品展示和传播—影响作品受众"的线性规律。因此，网络正能量综合指标体系的构建在符合其构建目的的同时，还要符合网络能量传播的这一规律。在课题组设计的指标体系中，吸引力是对作品本身内容和形式的一般考察，而管理力则体现了创作者和网站媒介对作品的识别和驾驭能力，影响力则关注了作品所产生的政治和社会影响，吸引力、管理力和影响力分别对应了作品本身、作品展示和传播、影响作品受众三个阶段，契合网络作品传播规律。

其三，指标的覆盖面广。吸引力包括了主题吸引力、需求吸引力等，管理力按照作者、网站不同的作品管理主体形成了一个较为完善的管理考察指标体系，而影响力包括了政治影响力、舆论影响力和社会影响力等，实现了对网络正能量传播影响的多角度考察。

其四，充分考虑各个指标之间的关联性。在综合评价指标体系中，各个结构指标之间是密切联系而非单独存在的，评价指标既要从不同的侧面反映出被评价对象的主要特征和状态，又要反映不同方面之间的内在联系。当然，通常情况下，只要求评价指标体系能表达出评价对象的主要特征和主要信息即可。① 网络正能量综合评价对象涵盖了榜样、文字、动漫音视频、图片、专题活动五大部分，五大部分的作品各有特征、差异甚大，因此，在构建指标体系时候应该多考虑其共性和内在联系。

其五，合理重视各个指标的独立性和显著性特征。独立性要求每个指标要内涵清晰、尽可能地相互独立，同一层次的指标间应尽可能地不相互重叠、不相互交叉、不互为因果、不相互矛盾，保持较好的独立性。② 对于多层级的综合评价指标体系，应该根据指标的类别性与层次性，建立自上而下的递阶层次结构，上下级指标保持自上而下的隶属关系，指标集与指标集之间、指标集内部各指标间应避免相互反馈与相互依赖，保持良好的独立性。当然，对于某些复杂的综合评价问题，指标之间可能会存在相互依赖与相互反馈关系，可以根据实际情况进行有效处理。理想情况下，综合评价指标体系应完全地描述和覆盖对象系统的全部特征，且指标间应该保持完全的独立性，线性无关。但在现实实践中，这种理想状态几乎不可能达到。为减少获取成本，避免数据冗杂，一般情况下，在综合指标体系中应保留主要的关键指标，剔除次要的非关键指标。显著性可以作为区分指标重要性的标准，显著性越强的，可为关键指标；反之，显著性越低，则可能为非关键指标。比如，在网络正能量综合指标体系的构建中，一般应更关注正能量价值，作品的质量次之。

其六，注重综合评价体系的动态性。虽然综合评价指标体系在评价的某个时间窗内要保持一定的稳定性，但随着事物发展的变化以及评价目标的改变，也需要对评价指标体系进行动

---

① 彭张林、张爱萍、王素凤、白羽：《综合评价指标体系的设计原则与构建流程》，《科研管理》2017 年第 S1 期。

② 同上。

态调整。这种动态调整可分为主动调整和被动调整，主动调整是根据新的评价目标和评价要求，调整或重新设计评价指标体系。被动调整是根据评价结果的反应效果，对某些指标进行动态修正，剔除或增加某些指标。互联网本身就是一个迅速发展和变化的领域，对于网络正能量综合指标体系的构建，也应当考虑其长期性和开放性，适时动态调整。

其七，综合指标体系的建构务求客观真实。指标体系的设计及评价指标的选择必须以科学性为原则，能客观真实地反映评价对象的特点和状况，能客观全面地反映各指标之间的真实关系。各评价指标应该具有典型代表性，既不能过多过细，相互重叠，又不能过少过简，遗漏信息。此外，指标体系还要避免出现错误、不真实现象，确保数据易获得且计算方法简明易懂。

其八，综合评价指标体系的建构必须具有统筹性。评价指标体系的设计目的是对活动进行全面、有效的评价，从而实现预期目的。因此，对指标体系的各个指标要进行综合性研究和评判，通盘考虑。

其九，始终贯彻正向价值引领作用。网络正能量宣传工作的目的即传播和宣传正能量，净化网络空间，弘扬和践行社会主义核心价值观，因此具有一定的正向价值引导作用。因而，在整个综合评价指标体系建构中必须以正能量为价值引导和精神指引。

课题组从综合评价指标体系的构建原理出发，遵循以上构建原则，在中国社会科学院中国社会科学评价研究院首创的 AMI 评价理论基础上，多角度、全方位地进行设计，形成了较为系统、全面、具有可操作性、科学的网络正能量综合评价 AMI 指标体系，即网络正能量综合评价指数，主要从吸引力（Attractive Power）、管理力（Management Power）和影响力（Impact Power）三个层面对网络正能量作品进行评价。在吸引力、管理力和影响力三个一级指标下设二级、三级、四级多个指标。其中，吸引力主要是以作品载体及内容本身作为评价客体，管理力注重对作品传播过程的管理能力的考察，影响力则以作品产生的实际效果为主要评价对象。

2. 网络正能量综合评价指标体系的设计
（1）网络正能量综合评价指数

表1-1　　　网络正能量作品综合评价 AMI 指标评价体系

一级指标(3)	二级指标(9)	三级指标(28)	指标解读(73)
吸引力	主题吸引力	价值导向力	积极向上，符合社会主义道德伦理观的内在追求
			合理合法，符合社会主义法律的基本要求
		价值导向力	践行和弘扬社会主义核心价值观
		时代吸引力	热点性：关注社会热点
			重大性：关注重大政策、重大主题、重大活动、重大事件
			时代性：具有鲜明的时代特性或者能够引领时代潮流
		精神感染力	汇聚和提炼事件的正能量精神
			激发读者的正能量情怀
			传播和感染读者再传播正能量精神
	需求吸引力	阅读吸引力	首发点击量
			转载点击量
			点击总量
		互动吸引力	首发回复量
			总点评量
		传播吸引力	首发媒体
			首发版面
			转载媒体
			转载版面
			转载次数

续表

一级指标 （3）	二级指标 （9）	三级指标 （28）	指标解读 （73）	
管理力	创作主体管理力	作品质量	文学审美	
			技术处理	
		作品能量	积极"+""-"	
			消极"+""-"	
	网络媒介管理力	编辑审查力	形式审查强度（创作主体、创作形式）	
			内容审查强度	
		后台推送力	机器推送算法	
			人工监管	
		事故应急处理力	推送事故分级	
			推送事故应急措施	
			事故追责	
	主管机关管理力	事先管理力	网络媒介资质审查	
			精神传达与通知	
		事中管理力	定期审查	
			不定期抽查	
		事后管理力	奖励	
			惩罚	
	公信力	时效性	是否及时发布	
		准确性	是否客观、真实、准确	
影响力	政治影响力	领导人影响力	领导人批示	
			领导人支持	
		中央政府影响力	中央政府批文	
			部委反应	
		地方政府影响力	地方政府反应	
			地方政府支持	
			地方政府支持层级	
		党团组织影响力	党中央关注度	
			地方党委关注度	
			团中央关注度	
			地方团委关注度	
		社会团体影响力	社会团体反应	
			社会团体参与数	
			社会团体参与占比	

续表

一级指标 (3)	二级指标 (9)	三级指标 (28)	指标解读 (73)
影响力	舆论影响力	主推网站影响力	网站级别
			网站业内影响力
			推送位置
			作品点击量
		转载网站影响力	转载网站数
			网站级别
			网站业内影响力
			推送位置
			作品点击量
		移动平台影响力	推送移动平台数
			作品推送次数
			作品点击量
		网民影响力	网民回复量
			网民点赞量
			网民参与数
	社会影响力	社会心理影响力	作品是否产生正能量网络热词
			正能量网络热词社会传播度
			正能量网络热词社会接受度
			社会对正能量认知的变化和转变
		社会行为影响力	社会对作品反映的事件或情况参与态度（点击、回复、点赞）
			社会对后继发生的类似事件或情况的参与态度转变

资料来源：课题组讨论设计。

（2）网络正能量综合评价指数解读

吸引力、管理力和影响力三个指标分别从不同的角度构建了网络作品正能量的全方位评价指标体系，基本上涵盖了正能量作品载体本身、作品正能量认定和作品正能量影响各个环节，照顾不同评价角度的差异化特征，并对一些具体的指标进行了合并与抽象化，也考虑到了网络正能量的动态性、过程性特征可能不断带来的新变化和新要求。网络正能量综合评价指标体系不仅具有综合性、全面性、科学性，而且具有开放性、可持续性，有助于对网络作品正能量形成深层次、客观的认识、把握和评估，由此助益于网络正能量的传播和再传播，影响和再影响。逐项指标解读如下：

1）吸引力

该项指标主要是对作品载体及内容本身进行评价，其下分主题吸引力、需求吸引力两个二级指标，每个二级指标又依次细化为若干个三级、四级指标。

第一：主题吸引力

主题吸引力以载体所蕴含的价值观、时代性和精神启示为角度，细化为价值导向力、时代吸引力和精神感染力三个三级指标。

①价值导向力

"价值导向力"是以作品载体及内容所蕴含的价值观为基础抽象出的一个三级指标，该指标可以从道德、法律和社会主义核心价值观这三个方面来解读。这三个方面紧密联系，层层递进。其中，法律是由国家制定和认可的，以国家强制力保障实施的行为准则。依靠国家强制力保障实施是法律区别于其他社会规范的重要特征，它是国家权力的意志体现。法律具有规范作用和社会作用。道德是一种与社会同生的社会意识形态，它是人们共同生活及其行为的准则和规范，涉及社会风尚、道德面貌和人们的世界观、人生观、理想、情操、信念等。道德是法律之外规范社会的隐性约束力，对人的修养和身心健康具有不可替代的指引作用，它指引人们认识自己，承担对家庭、他人、社会和国家的责任和义务，教导人们正确认识社会道德生活的基本规律和原则，规范自己的内心和行为，选择良善之道。一个好的主题或者内容首先要符合基本的道德观。道德是人以"善""恶"来评价社会现象、把握现实世界的一种方式。道德是最基本的社会规范，没有道德规范，社会无疑将分崩离析。道德评价是一种巨大的社会力量和人们内在的意志力量。党的十八大提出，倡导富强、民主、文明、和谐，倡导自由、平等、公正、法治，倡导爱国、敬业、诚信、友善，积极培育和践行社会主义核心价值观。① 富强、民主、文明、和谐是国家层面的价值目标，自由、平等、公正、法治是社会层面的价值取向，爱国、敬业、诚信、友善是公民个人层面的价值准则，这 24 个字是社会主义核心价值观的基本内容。②

　　道德是向内的规范，它更多关注的是对人内心动机的约束，它依靠的是人们内心的道德信仰和良心谴责以及社会舆论力，而法律一般则仅仅规定人们的外部行为，并不关注人的内心动机。可以说，法律是最低的社会道德，而道德规范又有助于法律规范的实现。社会主义核心价值观则是我党在世界范围思想文化交流交融交锋、改革开放和发展社会主义市场经济条件下思想意识多元多样多变的新形势下，为了巩固马克思主义在意识形态领域的指导地位，巩固全党全国人民团结奋斗的共同思想基础，促进人的全面发展，引领社会全面进步，集聚全面建成小康社会、实现中华民族伟大复兴中国梦的强大正能量，对人民和民族价值观和精神面貌提出的新要求，具有重要的现实意义和深远的历史意义。积极培育和践行社会主义核心价值观，从适应国内国际大局深刻变化来看，它有助于扩大主流价值观念的影响力，提高国家文化软实力。从国家治理体系和治理能力现代化要求看，它有助于提高整合社会思想文化和价值观念

---

① 任燎原：《高校医学生社会主义核心价值观培育研究》，硕士学位论文，吉首大学，2018 年。
② 同上。

的能力，掌握价值观念领域的主动权、主导权、话语权，引导人们坚定不移地走中国道路。从提升民族和人民的精神境界看，核心价值观是精神支柱，是行动向导，对丰富人们的精神世界、建设民族精神家园，具有基础性、决定性作用，它有助于铸就自立于世界民族之林的中国精神。从实现民族复兴中国梦的宏伟目标看，核心价值观是一个国家的重要稳定器，构建具有强大凝聚力感召力的核心价值观，关系社会和谐稳定，关系国家长治久安。因此，网络正能量作品必须首先合理合法、符合社会主义法律的基本要求。其次，内容要积极向上，符合基本的社会主义伦理道德观。最后，在符合法律和道德的基本要求基础上，对作品主题和内容提出更高的质量要求，要求其符合并能弘扬社会主义核心价值观。这三个方面共同构成了价值导向力的子指标。

②时代吸引力

"时代吸引力"指标主要关注的是作品主题和内容的时代性，主要从热点性、重大性和时代性三个方面来考察。即评价作品的主题是否是对社会热点的反映，关注的是不是社会重大问题、重大政策、重大活动、重大事件，是否具有鲜明的时代特征或者引领时代潮流。

③精神感染力

"精神感染力"指标不同于"价值吸引力"指标所关注的内核，它更关注主题的价值观这个内核所能带来的精神热量，可以从主题本身所蕴含的精神能量、对读者精神能量的开发以及精神能量的再传播这三个方面来考察，分别评价汇聚和提炼事件的正能量精神、激发读者的正能量情怀、传播和感染读者再传播正能量精神。

第二：需求吸引力

"需求吸引力"指标关注的是作品与受众之间的供需关系，下设阅读吸引力、互动吸引力和传播吸引力三个三级指标。对阅读吸引力的考察是通过对转载点击量、点击总量统计来实现。对互动吸引力主要是通过对首发回复量和总点评量等网络交互行为的数据统计来实现。传播吸引力则是对首发媒体及其版面安排、转载媒体及其版面安排、转载次数进行考察和评价。由此，对需求吸引力进行指标细化后，通过对一系列客观指标的统计和考察从而实现对需求吸引力的主观指标的客观化。

总体而言，吸引力评价指标体系的建立，基本涵盖了主观标准和客观标准，是较为全面、系统的，对主观标准的客观化处理也使评价指标体系更具有可操作性和科学性。

2）管理力

管理指的是管理主体组织利用人、财、物、信息和时空等各种要素，借助管理手段，完成组织目标的过程。广义的管理是指应用科学的手段安排组织社会活动，使其有序进行。[①] 狭义的管理即在特定的环境条件下，以人为中心通过计划、组织、指挥、协调、控制及创新等手段，对组织所拥有的人力、物力、财力、信息等资源进行有效的决策、计划、组织、领导、控制，以期高效地达到既定组织目标的过程。[②] 法国管理学者法约尔最初提出把管理的基本职能分为计划、组织、指挥、协调和控制。[③] 网络正能量综合评价体系中的管理力包括作品的生产者（创作主体）、作品的媒介（网站、微博、微信公众号等网络载体）以及网络主管部门对网络作品所进行的管理和控制，因此管理力包括了创作主体管理力、网络媒介管理力、主管机关管理力以及公信力四个二级指标。

---

① 李萌：《高校后勤预算管理的对策研究》，《高校后勤研究》2012年第3期。

② 张刚：《辩证认识和对待管理水平提升的思考》，《管理观察》2015年第17期。

③ 陈传蕊：《法约尔管理思想对现代管理的启示》，《智库时代》2019年第26期。

第一：创作主体管理力

评价指标体系从作品质量和作品能量两方面对创作主题管理力进行考察。作品质量不仅要求作品要符合一般的文学审美，还要符合专业领域内的技术处理标准。作品能量则指作品所蕴含的精神，是作品的内核，分为积极能量和消极能量，并以加减法作出分级。

第二：网络媒介管理力

网络媒介管理力包括编辑审查力、后台推送力和事故应急处理力三个子指标。编辑审查力主要依据一定的标准对作品做创作主体和形式的审查，对其内容做实质审查。后台推送力则关注现代网络后台技术常用的智能推送算法以及人工审核规则。事故应急处理力则围绕事故分级、事故应急措施、事故追责展开。

第三：主管机关管理力

主管机关管理力依据管理的时间轴分为事前管理力、事中管理力、事后管理力。其中，事前管理涉及网络媒介的资质审查和认定，上级有关精神的传达和指令。事中管理则根据管理的方法不同，分为定期审查和不定期抽查。事后管理力则围绕激励机制的构建展开，对好的予以肯定和奖励，对不好的予以批评和惩罚。

第四：公信力

公信力包括时效性和准确性两个方面，时效性主要依据是否及时发布，准确性主要依据是否客观、真实、准确。

3）影响力

影响，是指以直接或间接的方式所产生的作用和改变。影响力是对期望影响对象产生的影响程度的一种评价。影响力又被解释为战略影响、印象管理、目标的说服力以及合作的影响力等。习近平总书记曾屡次强调影响力的提升对于新闻媒体和舆论宣传工作至关重要。① 因此，课题组将影响力作为对网络正能量作品评价的一项重要指标。网络正能量作品评价的新时代社会意识形态宣传和教育活动的性质决定了对其影响力的评判必然需要包含对政治影响、舆论影响和社会影响的考察，因此课题组对其评价指标体系的构建，主要通过对其政治影响力、舆论影响力和社会影响力三个子指标的分析来实现。

第一：政治影响力

课题组基于我国自上而下的政治结构进行政治影响力的评价指标设置。政治影响力包括领导人影响力、中央政府影响力、地方政府影响力、党团组织影响力、社会团体影响力五个子指标。其中，领导人影响力下设领导人批示和领导人支持两个子指标；中央政府影响力关注中央政府批文、部委反应两个方面；地方政府影响力主要考察地方政府反应、地方政府支持、地方政府支持层级三个方面；党团组织影响力则分为党中央关注度、地方党委关注度、团中央关注度、地方团委关注度四个方面；社会团体影响力考察社会团体反应、社会团体参与数、社会团体参与占比三个方面。以上指标构成了对活动所涉政治层级的全方位评价体系。

第二：舆论影响力

舆论是公众在特定的时空里，对特定的公共事务公开表达的基本趋于一致的信念、意见和态度的总和。② 它是社会评价的一种，是社会心理的反映。对舆论影响力的评价指标设置，课

---

① 2016年2月19日，习近平总书记在党的新闻舆论工作座谈会上讲到"党的新闻舆论工作是党的一项重要事业，……切实提高党的新闻舆论传播力、引导力、影响力、公信力。"2018年6月15日在致信《人民日报》创刊70周年时又强调，"构建全媒体传播格局，不断提升传播力、引导力、影响力、公信力"。

② 张超：《浅析微信舆论场传播特点及引导策略》，《新闻研究导刊》2016年第21期。

题组主要通过对主推网站影响力、转载网站影响力、移动平台影响力、网民影响力四个方面的考察来实现。其中，对主推网站和转载网站影响力的考察主要通过对网站级别、网站业内影响力、推送位置、作品点击量四个方面进行量化和分析来实现，对转载网站影响力的考察还包括转载网站数指标。对移动平台影响力则通过推送移动平台数、作品推送次数和作品点击量三个方面的考察进行评估。对网民影响力的考察通过网民回复量、网民点赞量、网民参与数三个方面来实现。

第三：社会影响力

社会影响，即人们在社会生活中的相互作用，其效果与程度受影响的发生者、传播者和接受者制约。对社会影响力的考察可以通过对个体的影响和对群体的影响两个角度进行。但由于对个体影响的统计实现难度较大，一般采用对社会群体的影响进行考察，而对社会群体影响又可分为社会心理影响和社会行为影响两个方面。可以说，社会影响是网络正能量作品评价工作的核心追求，对社会影响力的评价是对该活动影响力评估的重要方面。课题组将社会影响力分为社会心理影响力、社会行为影响力两个子指标。社会心理影响力着眼的是对社会心理表现的考察，社会心理是指在一段特定的时期内弥漫在社会及其群体中的整个社会心理状态，是整个社会的情绪基调、共识和价值取向的总和，[①] 它具有广泛性、群众性、相对独立性和稳定性。课题组对网络作品正能量的社会心理影响力的考察主要通过作品是否产生正能量网络热词、正能量网络热词社会传播度和社会接受度以及社会对正能量认知的变化和转变四个方面的分析来实现。对社会行为影响力的考察则是通过社会对作品反映的事件或情况参与态度，以及社会对后继发生的类似事件

[①] 马顺成：《群体性事件心理归因及疏导探析》，《广西警官高等专科学校学报》2010年第5期。

或情况的参与态度转变两个角度的分析来实现。

由此，网络正能量评价指数指标体系的构建，建立在充分考虑综合评价指标体系的一般原则和规律的基础上，深度把握网络作品正能量这一评价对象的特点，兼顾了共性与差别。在设计中，课题组力求主观指标可操作化与客观指标抽象化相统一，静态指标稳定性和动态指标开放性相结合，构建了一个较为全面、合理、完善、科学的网络正能量综合评价指数，能够为网络作品正能量认定和传播工作的后续开展提供长期稳定的理论和实践支持。

(3) 网络正能量综合评价指数的计分办法

根据 AMI 指标体系构建思想，设计 9 个二级指标。

将每个二级指标等权赋值为 10，根据正能量的目标，对于二级指标"主题吸引力"和"舆论影响力"2 倍赋值。AMI 指数为 0—100 之间的一个值。

对应计算如下：

吸引力（30） = 主题吸引力（10×2）+ 需求吸引力（10）

管理力（30） = 创作主体管理力（9）+ 网络媒介
　　　　　　　管理力（6）+ 主管机关管理力（9）+
　　　　　　　公信力（6）

影响力（40） = 政治影响力（10）+ 舆论影响力
　　　　　　　（10×2）+ 社会影响力（10）

（五）网络正能量综合评价项目的经验反思

"五个一百"网络正能量精品评选活动已经成功举办了四届。从四届评选活动的举办来看，活动申报人数、网民参与程度都呈现逐年上升趋势，评选活动的社会影响力在快速扩大，评选活动对网络正能量的引导、传播的作用越来越突出，已经在网络空间中树立了正能量标杆，在网民中达成了对正能量的广泛共识。本项目依托"五个一百"网络正能量精品评选活动开展网络正能量综合评价，培育积极健康、向上向善的网络正能量。通过分析，发现"五个一百"网络正能量精品评选活动的评选过程仍存在一些不足，值得进一步改进。

"五个一百"之网络正能量榜样评选活动存在宣传推广有待加强，大多数申报来自机关单位等不足，还应加大评选活动的宣传推广，扩大网络正能量榜样评选活动申报范围，设置评选后的追踪评价和实时监督举报通道，提高信息系统效率和数据分析能力。

"五个一百"之网络正能量文字作品评选活动存在组织申报时间较短，内部筛选专家人手不足、超负荷运转，外部初审时间短、任务重，网民投票所占权重较小等问题。针对这些组织和活动方式问题，可以通过设立常设机构和配备专职负责人，将评选活动常态化，入选百篇作品认定以网民为主、专家为辅等方式加以改进。

"五个一百"之网络正能量图片评选活动申报作品存在信息不完整，创意类作品较少，尚未建立较为科学、完整的评选指标体系，参与评选活动的组织机构及其工作人员的考核评价标准和激励机制仍不够完善等不足，此外，活动评价和资源配置也存在不协调的问题。针对这些问题，未来还要不断完善作品的评选和展示机制，完善组织协调机制和激励机制。

"五个一百"之网络正能量动漫音视频作品评选活动存在后期缺乏传播策划，新闻作品的时效性与评奖周期存在矛盾等不足，还需加大对获奖作品的后期宣传，妥善协调新闻作品的时效性与评选活动必需的时间周期。

"五个一百"之网络正能量专题活动评选活动已经在新闻舆论传播力、评审规则、活动规划、申报平台及评审系统、工作团队等方面积累了较为丰富的经验。未来还要加强整体宣传，保持活动热度，并加强对社会和基层的组织动员，扩大申报来源，改变申报地域不平衡。此外，还要加强议题设置，发挥评选活动的前瞻性、引领性和主动性。

（六）总结

随着移动互联、大数据、云计算等新产业和新应用的加速发展，互联网实现了"从媒介到服务到场景"的延伸，改变了人们沟通、交流和活动的方式，正能量也开始向网络正能量发展。网络正能量项目是网络强国的需要，是培育和践行社会主义核心价值观的需要，是新时代意识形态宣传的需要，是网络综合治理的需要，是构建网络空间命运共同体的需要，是网络发展的需要。课题组在项目前期积累的基础上进一步对网络正能量评价指标体系进行研究。我们认为网络正能量项目进一步开展是新时代的需要，对网络正能量进行深入研究具有必要性和理论意义，有必要对网络正能量进行论证，对网络正能量进行探索性理论研究和科学的量化评估。

通过分析第一届至第三届"五个一百"网络正能量精品评选活动的样本数据，我们不难发现，网络正能量的发展紧跟时代步伐，以社会主义核心价值观为主导，使优秀传统文化和当代先进文化紧密结合，具有中国特色等一系列特点。但是，在研究过程中也发现了宣传力度、基础理论研究、舆论生态、意义挖掘尚有不足，亟待提高。所以，针对不足之处，分别在国家层面、网络媒体层面、广大网民层面提出相应建议，使网络正能量的传播更加迅速。

课题组大致做了两方面的工作：一是努力对正能量和网络正能量的概念和内涵进行理论化处理，试图形成全社会对正能量和网络正能量的价值内涵的精准把握；二是努力构建一个科学完善的网络正能量综合评价指标体系，使对网络正能量的考察和研究更具量化和可操作性，助力网络正能量宣传工作的开展。在指标建设上，课题组通过吸引力、管理力和影响力三个指标，从不同角度构建对网络作品正能量的全方位评价指标体系，既基本涵盖正能量作品生产、传播和接收全过程，又照顾到不同评价角度的差异化特征；既运用静态指标打造了一个较为稳定、可操作性强的评价框架，也考虑到网络正能量的动态性、过程性特征可能不断带来的新变化和新要求，设置了一些动态指标，不仅符合一般综合评价指标体系的构建原理，也牢牢把握了网络传播的规律和特征。网络正能量综合评价指标体系既统筹又具有可操作性，既全面又具体，既稳定又开放，是一个科学、合理、高效、可持续性的综合评价指标体系。这有助于对网络作品正能量的深层次、客观的认识、把握和评估，由此助益于网络正能量的传播和再传播、影响和再影响，从而实现网络空间的有效治理。课题组的研究是首次由中央级别的网络主管部门委托第三方对网络正能量评价开展研究工作，首次由第三方评价机构对网络正能量的内涵和意义进行科学界定，并实现了首次对网络正能量考察的指标化处理，将有利于网络空间治理工作的开展，有利于网络意识形态牢牢朝着向正的方向不偏离。这在网络空间治理工作中，具有里程碑式的意义。

网络正能量指数综合评价项目对推进"五个一百"网络正能量精品评选活动在理论和方法方面提供了积极有益的探索。未来要持续跟踪研究网络正能量，在既有理论研究和评价指标体系的基础上，持续地在多领域进行内容发布。

二 "五个一百"之网络正能量榜样评选活动综合评价分析

（一）活动概述

1. 活动目的

"五个一百"之网络正能量榜样评选活动（以下简称网络正能量榜样评选活动）是国家互联网信息办公室指导、中国互联网发展基金会主办的"五个一百"网络正能量精品评选活动之一，旨在评选和集中展示一年来在重大政策、重大主题、重大活动、重大事件、热点问题和突发事件中发挥网上正面引导作用的优秀人物，倡导广大网民自觉传播和弘扬正能量。通过评选网络正能量榜样，可以在全社会表彰网络正能量传播的优秀人物，激励更多人参与到正能量传播中；同时，通过评选网络正能量榜样，可以扩大网络正能量榜样的影响力，进一步发挥网络正能量榜样在引导正能量上的积极作用。

2. 活动特点

网络正能量榜样评选活动相比于传统线下全国性榜样评选，在影响力、传播效率、组织效率上都具有其特点。

（1）影响更具有渗透力

网络正能量榜样评选活动可以不受物理限制、组织限制。从理论上说，全球符合要求的移动互联网用户、固定互联网用户都可以广泛地参与到网络正能量榜样的评选活动中。因此，网络正能量榜样评选活动的影响更具有渗透力。

(2) 传播更具效率

随着网络基础设施的普及，互联网传播的边际成本几乎为零，而且传播速度远远快于传统媒体。尤其是在社交自媒体应用日益广泛的时代，可以充分发挥每个参评人选及评选活动关注者的自媒体功能，实现自发自主传播，使网络正能量榜样评选的传播更具效率。

(3) 组织更具效率

网络正能量榜样评选活动由中央网信办主办、人民网组织实施具体评选，通过网络组织实施极大地降低了评选活动成本，提高了评选活动效率。

3. 活动进展

网络正能量榜样评选活动作为"五个一百"网络正能量系列评选活动的重要内容，已经成功举办了三届（见表2-1）。

表2-1　　　　第一至第三届网络正能量榜样评选活动

	主题	组织实施单位
第一届	传递正能量，网络更清朗	人民网
第二届	传递正能量，网络更清朗	人民网
第三届	网聚正能量，唱响新时代	人民网

资料来源：笔者根据三届网络正能量榜样评选活动评选网站——人民网资料整理。

第一届网络正能量榜样评选活动于2015年11月启动，获得了广大网友的支持，共计610余家单位及1000余名网友推荐了正能量榜样1300余个，网民参与投票数高达1.2亿人次，点击量突破10亿次。

第二届网络正能量榜样评选活动于2016年12月启动，活动共收到有效推荐和自荐榜样1300余个。此次评选结果制作了《点赞中国——2016—2017"五个一百"网络正能量精品展播特别节目》,并在中央电视台播出,进一步扩大了活动的影响力。

第三届网络正能量榜样评选活动于2018年2月启动,报名人数达1500多名。经过初选、投票和终选,评出了100名网络正能量榜样,其中有10名网络活动组织者、21名网络空间公众人物、36位网络媒体运营人、33位网络作用创作人。由中央网信办、中央广播电视总台、中国互联网发展基金会、中国网络社会组织联合会共同录制的《点赞中国互动生活——2018"五个一百"网络正能量精品展播特别节目》,在中央电视台综合频道和科教频道播出,受到了全社会广泛关注。

从三届网络正能量榜样评选活动的举办来看,活动的影响力在逐年快速扩大,已经在网络空间中树立了正能量标杆,在网民中达成了对正能量的广泛共识。

(二)活动规则与组织

1. 申报要求和方式

网络正能量榜样评选活动是面向全体符合申报要求的中华人民共和国公民的评选活动。从三届的申报要求来看,主要包括政治正确、网络属性、传播或创作的正能量内容和榜样类别四个方面的要求(如图2-2所示)。三届的申报要求在前三点上保持一致,在榜样类别的要求上,前两届主要包括网络时评作者、微博博主、微信公众号负责人、博客及播客负责人和其他(论坛版主、贴吧版主、网站站长等)五大类别,第三届进一步扩大了榜样类别,设置了网络空间公众人物,网络媒体(网络平台账号)运营者,网络活动组织者和重要人物、网络作品创作者。第三届的榜样类别吸取了前两届的分类经验,结合互联网发展的新趋势和特点,可以在更大范围内邀请参评者申报网络正能量榜样。在申报方式上,单位、个人均可推荐符合

第一届	第二届	第三届
• 1.坚决拥护党的路线方针政策，遵守国家法律法规，无违法违纪记录的中华人民共和国公民 • 2.活跃于网络空间，自觉自发长期坚持在大众网络媒体或网络自媒体平台上以多种形式积极践行社会主义核心价值观，弘扬主旋律 • 3.在网上积极弘扬正义、激浊扬清，主动揭批谣言、还原真相，特别是在2015年度重大政策、重大主题、重大活动、重大事件、热点问题和突发事件中积极发声传递正能量，在网上形成关键性正面引导作用，得到广大网民的响应和好评，产生较大的社会影响力 • 4.申报人选可以是活跃于网络空间的各行各业人士，具体分为网络时评作者、微博博主、微信公众号负责人、博客及播客负责人、其他（论坛版主、贴吧版主、网站站长等）五大类别，每位申报人只能报一个类别	• 1.坚决拥护党的路线方针政策，遵守国家法律法规，无违法违纪记录的中华人民共和国公民 • 2.活跃于网络空间，自觉自发长期坚持在大众网络媒体或网络自媒体平台上以多种形式积极践行社会主义核心价值观，弘扬主旋律 • 3.在网上积极弘扬正义、激浊扬清，主动揭批谣言、还原真相，特别是在2016年度重大政策、重大主题、重大活动、重大事件、热点问题和突发事件中积极发声传递正能量，在网上形成关键性正面引导作用，得到广大网民的响应和好评，产生较大的社会影响力 • 4.申报人选可以是活跃于网络空间的各行各业人士，具体分为网络时评作者、微博博主、微信公众号负责人、博客及播客负责人、其他（论坛版主、贴吧版主、网站站长等）五大类别，每位申报人只能报一个类别	• 1.坚决拥护党的路线方针政策，遵守国家法律法规，无违法违纪记录的中华人民共和国公民 • 2.活跃于网络空间，自觉自发长期坚持在大众网络媒体或网络自媒体平台上以多种形式积极践行社会主义核心价值观，弘扬主旋律 • 3.在网上积极弘扬正义、激浊扬清，主动揭批谣言、还原真相，特别是在2017年度重大政策、重大主题、重大活动、重大事件、热点问题和突发事件中积极发声传递正能量，在网上形成关键性正面引导作用，得到广大网民的响应和好评，产生较大的社会影响力 • 4.申报人选可以是活跃于网络空间的各行各业人士，具体分为网络空间公众人物，网络媒体（网络平台账号）运营者，网络活动组织者和重要人物，网络作品创作者

图 2-1　三届网络正能量榜样评选活动评选申报要求

资料来源：笔者根据前三届"网络正能量榜样评选活动"申报要求整理。

申报要求的榜样候选人或者个人自荐参加评选，通过线上注册申报，填写并递交推荐表完成注册申报。

2. 评选流程

整个评选流程主要分为在线征集、评委初评、网络展示、评委终审、网络公示、榜单揭晓六个环节（如图 2-2 所示）。

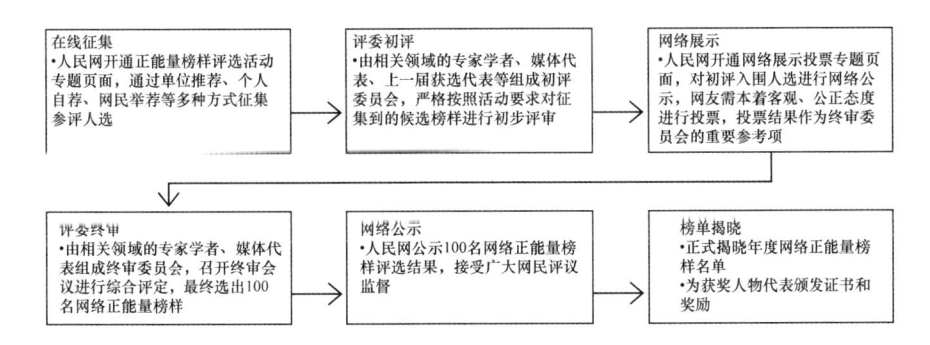

在线征集	评委初评	网络展示
• 人民网开通正能量榜样评选活动专题页面，通过单位推荐、个人自荐、网民举荐等多种方式征集参评人选	• 由相关领域的专家学者、媒体代表、上一届获选代表等组成初评委员会，严格按照活动要求对征集到的候选榜样进行初步评审	• 人民网开通网络展示投票专题页面，对初评入围人选进行网络公示，网友需本着客观、公正态度进行投票，投票结果作为终审委员会的重要参考项

评委终审	网络公示	榜单揭晓
• 由相关领域的专家学者、媒体代表组成终审委员会，召开终审会议进行综合评定，最终选出100名网络正能量榜样	• 人民网公示100名网络正能量榜样评选结果，接受广大网民评议监督	• 正式揭晓年度网络正能量榜样名单 • 为获奖人物代表颁发证书和奖励

图 2-2　网络正能量榜样评选活动评选流程

资料来源：笔者根据前三届网络正能量榜样评选流程整理。

从整个流程设计来看，网络正能量榜样评选活动既尊重专家评委的专业意见，又充分体现广大网民的评选意见和网络监督作用，从而保障网络正能量榜样符合中国特色社会主义意识形态要求，体现网络正能量榜样评选的专业性，具备广泛的网络群众基础。

3. 评选标准

（1）初评阶段

人民网组织相关的专家、媒体代表等组成初评专家委员会，对符合申报要求的榜样候选人按照"网络正能量榜样评选活动"初评标准进行打分，评选出进入网络展示环节的正能量榜样候选人。

评选标准从"引导及时""观点深刻""传播广泛有效""语言鲜活""引导主动"五个方面来考察网络正能量榜样候选人，具体评选标准见表2-2。

表2-2 网络正能量榜样评选活动评选标准

指标	引导及时	观点深刻	传播广泛有效	语言鲜活	引导主动
内容	积极关注年度重大政策、重大主题、重大活动、重大事件、热点问题和突发事件，及时就相关话题发声，有针对性地阐述自己的观点，引导网上舆论	在话题引导过程中，注重用事实说话，善于以理服人，通过自己视角独特、立场鲜明，富有逻辑性、思想性和洞察力的观点影响网络舆论	引导话题除最初发布网站外，至少有2家或2家以上官方媒体转发，或有多个自媒体转发。在网络上引起广泛影响	善于使用网言网语，用通俗易懂、清新明快、富有内涵的表达方式传播正能量，能够适应广大网民特别是青年网民的阅读口味	充分发挥个人主观能动性和想象力，积极关注社会舆论热点，具有强烈的问题意识和社会责任意识，第一时间主动发表有见地的观点，并利用个人专业知识及查阅搜集相关资料为社会普及知识
权重（%）	30	20	20	15	15

资料来源：根据网络正能量榜样评选活动评选标准整理。

从评选标准的设置和权重分配来看,"引导及时"占据了最大比重,达到了30%;"观点深刻"和"传播广泛有效"各占20%;"语言鲜活"和"引导主动"各占15%。

(2) 网络展示阶段

在这一阶段,评选的标准就是网民的投票数量,通过投票数排序选出150名候选人进入最终环节。

从三届规则设置和变化来看,一是注重每个类别榜样的均衡,如第一届和第三届均要求对每个类别的榜样进行投票;二是限制单一网民刷票,每天不能重复投票给同一个榜样;三是赋予网民的票数在减少,使得投票更有质量;四是投票时间延长,给予网民更多的时间进行投票,同时也给榜样候选人更多的时间进行宣传展示。

(3) 评委终审阶段

由网络正能量榜样评选活动终评专家委员会参考榜样候选人的初评得分和网络投票排名,对150名榜样候选人进行投票,最终选出100名网络正能量榜样。

4. 活动组织

网络正能量榜样评选活动由人民网承办。人民网创办于1997年1月1日,是《人民日报》建设的以新闻为主的大型网上信息交互平台,是中国领先的综合性网络媒体之一,在国内具有极高的权威性和影响力,同时也具有丰富、高效的网络评选活动组织能力。此次活动由人民网共产党新闻部具体负责实施和统筹协调,互动部、设计部、技术部等多个部门配合活动组织工作。经过三年的评选活动组织,人民网在网络正能量榜样评选活动的组织申报、推广宣传、专家评分、榜样展示等各个环节已经积累了大量经验。

除了承办网站总体负责外,其他四家承办网站在整个活动推进中,按照自身的能力,发挥在视频传播、移动媒体、信息系统开发和数据收集、加工处理等方面的协同作用。此外，中央重点新闻网站、地方重点新闻网站及主要商业网站也在宣传推广上进行协同组织，扩大活动影响力。

5. 信息系统

"五个一百"网络正能量评选信息系统（http://top100.youth.cn/login）是由中国青年网组织开发的，集注册申报、专家评审功能于一体的数据信息系统。该系统成为整个评选活动的核心信息平台，大大提高了整个评选活动的效率。在三年的使用中，通过不断地发现问题、改进系统，进一步减少了技术隐患，提高了运行效率、便捷性和并发处理能力。随着评选数据的积累，该系统要进一步提高其数据处理和分析能力，成为可视化网络正能量数据平台。

（三）活动评选情况

1. 榜样候选人

三届网络正能量榜样评选活动申报工作主要通过网信办、各级文化宣传部门、政法系统、军队系统以及承办网站组织推荐。

从注册报名情况来看，申报数量呈现逐年上升趋势，到第三届，申报人数已经达到2052多人，比上一届增加35%，总体呈现较快上升趋势。这说明榜样评选活动受到越来越多的关注，吸引了更多的人参与。按照申报标准进行筛选后，进入初评的榜样候选人在1000人左右（如图2-3所示）。

从三届榜样候选人的行政区划分布上来看（如图2-4所示），网络正能量榜样评选活动覆盖了除澳门、台湾以外的所有中国省份。第一届候选人中，浙江省最多，共有125人申报，北京、福建、江西、广东、河北、河南、山东、江苏和新疆分

"五个一百"网络正能量综合评价研究报告 39

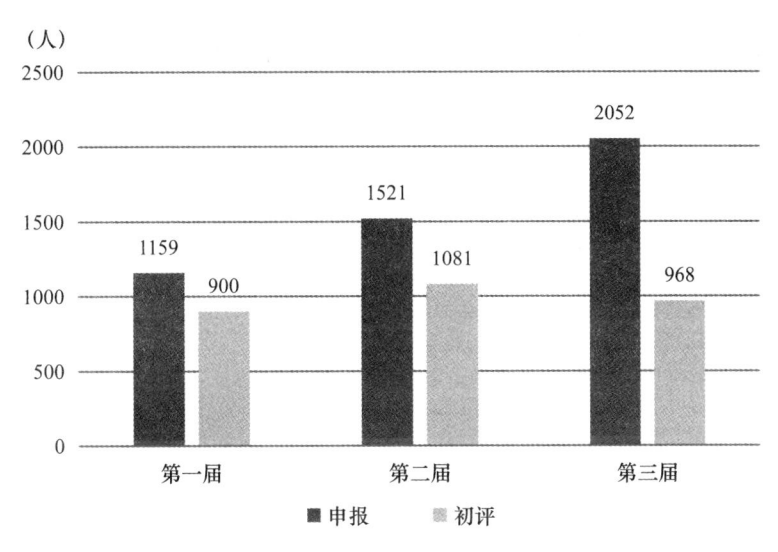

图 2-3 三届网络正能量榜样评选活动申报规模

资料来源：笔者根据网络正能量榜样评选活动申报数据整理。

列 2—10 位。第二届候选人中，北京申报数量最多，达到了 163 人，其后为河南、浙江、辽宁、山东、上海、山西、四川、新疆、江苏。第三届候选人中，北京申报数量最多，达到了 199 人，浙江、河南、辽宁、山东、新疆、上海、江苏、山西、四川分列 2—10 位。从三届的行政区划分布比较来看，北京、浙江、河南、山东、新疆和江苏在组织申报上显示了持续的积极性，辽宁、上海、山西、四川申报人数快速增长，福建、江西、广东申报人数大幅度下降。

从地区分布来看，东部地区占据了申报人选的半数以上，这在一定程度上反映了东部地区的互联网普及率更高，互联网应用水平更高；西部地区申报数量呈上升趋势。

从申报单位分布来看（如图 2-5 所示），机关事业单位是三届网络正能量榜样评选活动申报的主要推荐单位，一方面说明机关事业单位重视网络正能量传播；另一方面也意味着网络正能量榜样评选活动要吸引更多企业、高校等机构来共同参与。从三届申报单位变化来看，来自企业、高校以及其他类型单位的榜样候选人在快速增长，说明网络正能量榜样评选活动得到越来越多的社会机构和人士的关注和参与。

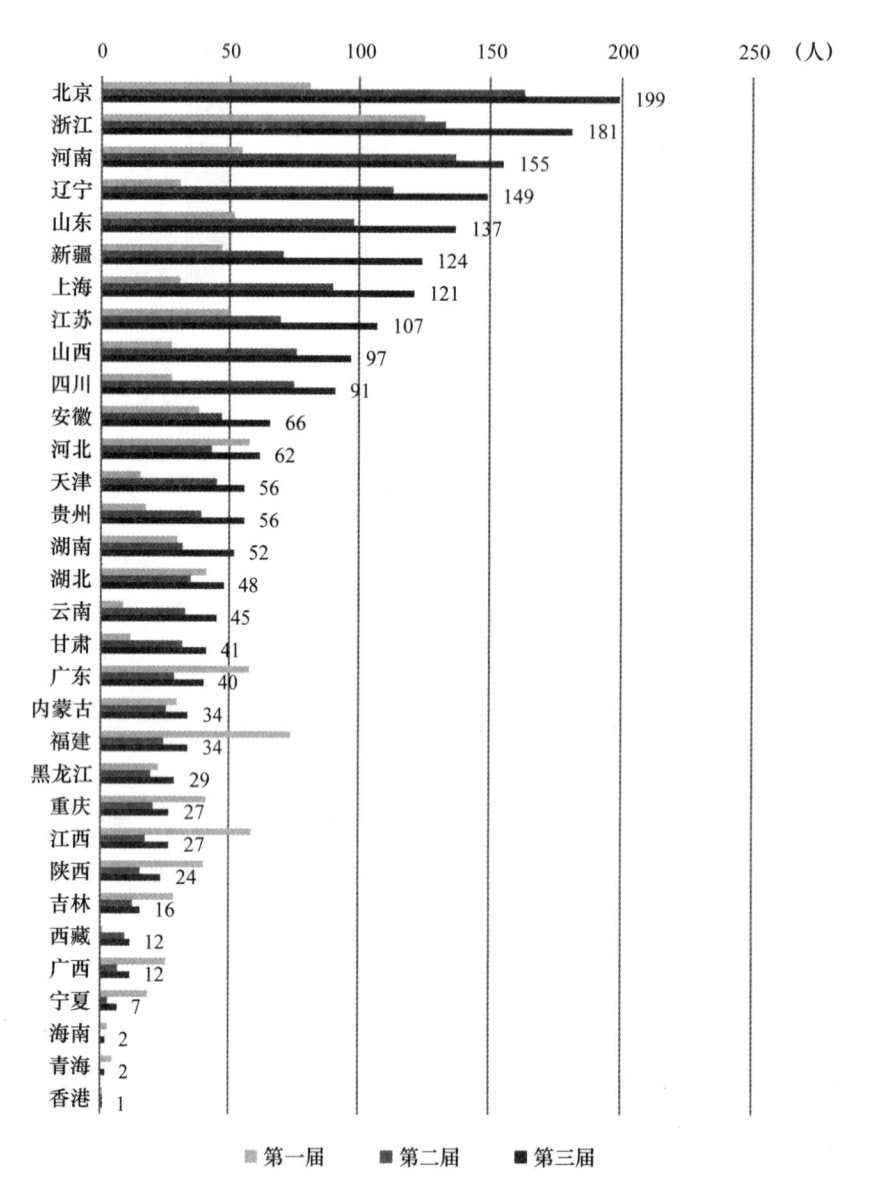

地区	人数
北京	199
浙江	181
河南	155
辽宁	149
山东	137
新疆	124
上海	121
江苏	107
山西	97
四川	91
安徽	66
河北	62
天津	56
贵州	56
湖南	52
湖北	48
云南	45
甘肃	41
广东	40
内蒙古	34
福建	34
黑龙江	29
重庆	27
江西	27
陕西	24
吉林	16
西藏	12
广西	12
宁夏	7
海南	2
青海	2
香港	1

图2-4 三届网络正能量榜样评选活动申报地域分布（行政区）

资料来源：根据三届网络正能量榜样评选活动申报数据统计。

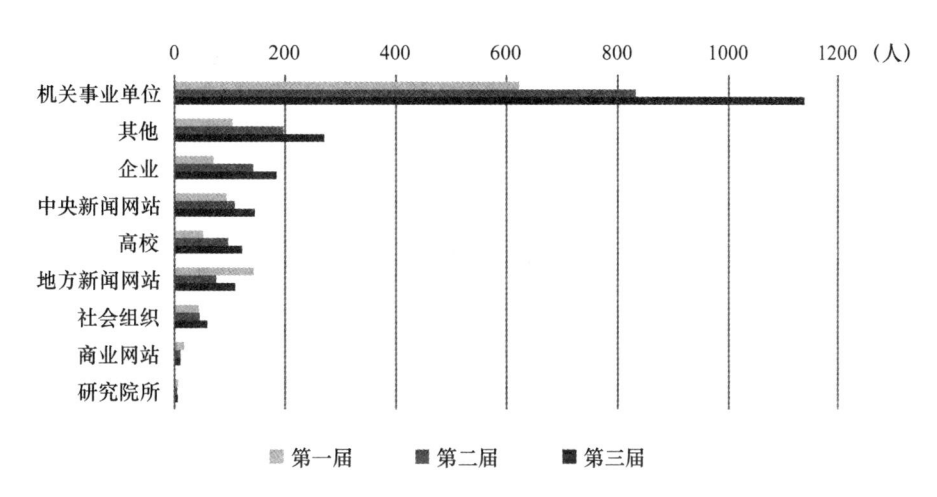

图 2-5　三届网络正能量榜样评选活动申报单位类型

资料来源：根据三届网络正能量榜样评选活动申报数据统计。

从申报榜样候选人类别分布来看（如图 2-6 所示），"重要人物"申报人占到所有候选人的 31%，其事迹在网络中引起大量关注，成为学习的榜样；网络作品创作者申报人占比为 27%；网络媒体（含网络平台账号）运营者申报数量占比为 25%。

从第二届申报榜样候选人的代表作品标题词云图来看（如图 2-7 所示），2016 年开展的"两学一做"教育活动成为网络正能量传播的重要话题。2016 年 2 月，中共中央办公厅印发了《关于在全体党员中开展"学党章党规、学系列讲话，做合格党员"学习教育方案》，要求各地区各部门认真贯彻执行。开展"两学一做"学习教育，是面向全体党员深化党内教育的重要实践，是推动党内教育从"关键少数"向广大党员拓展、从集中性教育向经常性教育延伸的重要举措。① 此外，2016 年杭州 G20

---

① 新华社：《中办印发关于在全体党员中开展"两学一做"学习教育方案　学党章党规　学系列讲话　做合格党员》，《当代广西》2016 年第 5 期。

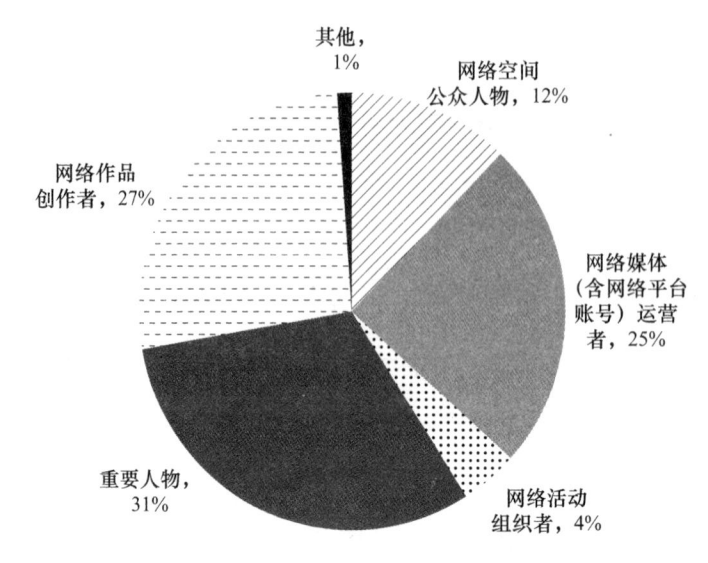

图 2-6 第三届网络正能量榜样评选活动候选人类别

资料来源：网络正能量榜样评选活动申报数据。

图 2-7 第二届网络正能量榜样评选活动候选人代表作品标题词云图

资料来源：笔者根据第二届网络正能量榜样评选活动候选人代表作品标题词制作。

峰会、国家"一带一路"(Belt&Road)倡议、民族团结等主题都成为第二届网络正能量榜样评选活动候选人传播和关注的热点。

从第三届申报榜样候选人的代表作品标题词云图来看（如图2-8所示），"初心""新时代""中国梦"成为第三届网络正能量榜样评选活动传播热词，具有里程碑意义的党的十九大胜利召开，宣告中国特色社会主义发展进入新时代；"两学一做"教育活动继续成为网络正能量传播的重要话题，成为党员深化教育的重要内容；随着移动互联网、光纤宽带的普及，以及国务院部署推动提速降费的实际推行，网络视频成为网络正能量传播的重要方式。

图2-8 第三届网络正能量榜样评选活动候选人代表作品标题词云图

资料来源：笔者根据第三届网络正能量榜样评选活动候选人代表作品标题词制作。

44　国家智库报告

从两届网络正能量榜样评选活动申报人代表作品标题知识图谱可以看到（如图2-9所示），讲好正能量故事，尤其是来自志愿者、党员干部、基层社区的公益事业、好人好事，爱心活动等优秀事迹成为网络正能量榜样弘扬社会主义核心价值、传播正能量的主要内容。

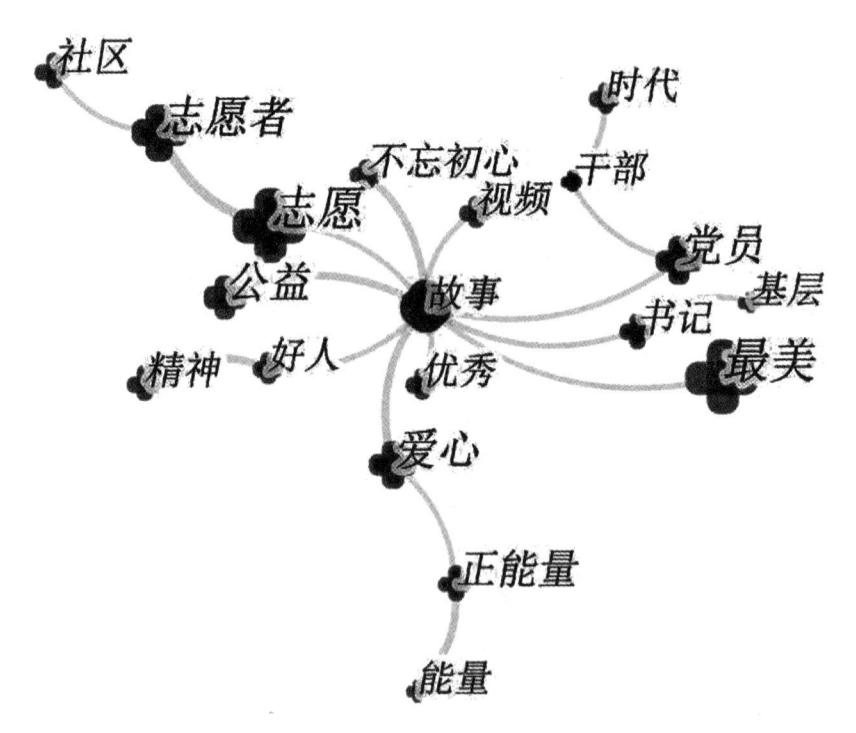

图2-9　第二届、第三届网络正能量榜样评选活动申报人代表作品标题知识图谱
　　资料来源：笔者根据第二届、第三届网络正能量榜样评选活动申报人代表作品标题词制作。

2. 评选专家设置

专家委员会在整个评选过程的初评和终评环节中发挥着重要作用，专家打分的最终结果对榜样初评结果和终评结果具有决定性影响。

第二届网络正能量榜样评选活动初评专家委员会由28人组成，除了两位中央网信办领导任专家委员会主任和副主任外，还包括9名专家代表（占比为32%）、5位媒体代表（占比为18%）、11名机关代表（占比为39%）和1名网民代表（占比为4%），如图2-10所示。

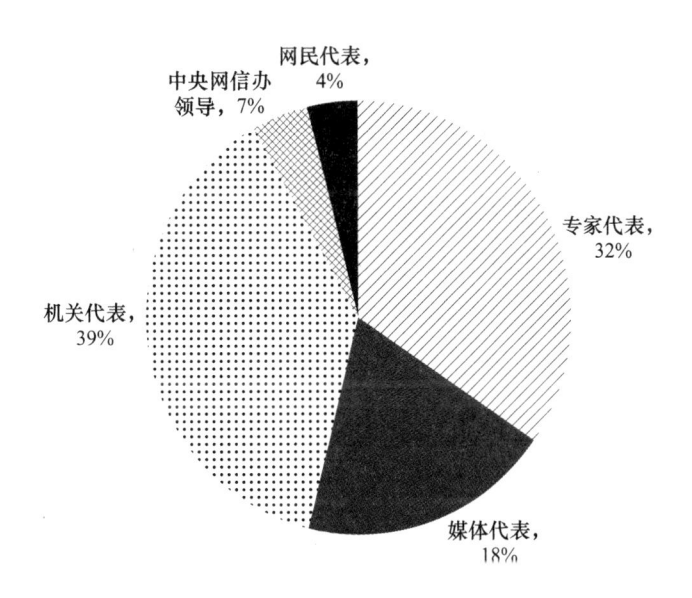

图2-10 第二届网络正能量榜样评选活动初评专家委员会代表结构

资料来源：笔者根据第二届网络正能量榜样评选活动评选专家委员会名单整理。

第三届网络正能量榜样评选活动初评专家委员会由20人组成，包括4名专家代表（占比20%）、5位媒体代表（占比25%）、10名机关代表（占比50%）和1名网民代表（占比5%），如图2-11所示。

从两届初评专家委员会的组成来看，既有专家、媒体工作

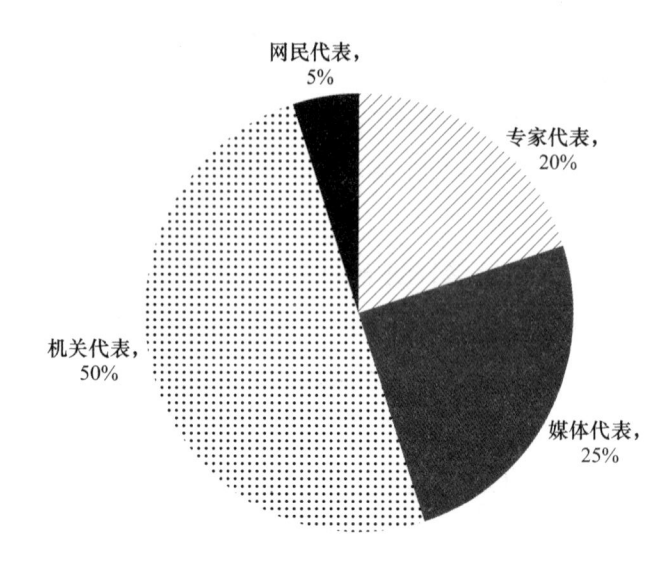

图 2-11　第三届网络正能量榜样评选活动初评专家委员会代表结构

资料来源：笔者根据第三届网络正能量榜样评选活动评选专家委员会名单整理。

者，又有公务人员和网民，充分考虑了初评专家委员会的平衡性、专业性、权威性和多元化知识背景。但两届初评专家委员会结构中，网民代表占比过小，应进一步加大群众代表在初评专家委员会中的比重。

3. 网络正能量榜样评选活动榜单情况

（1）第二届网络正能量榜样评选活动榜单

结合初评得分和网民投票，经过终评专家委员会投票，选出了 100 名第二届网络正能量榜样。

从单位类型来看（如图 2-12 所示），网络正能量榜样有 53% 的人来自机关事业单位，其次为中央新闻网站。这说明了机关事业单位人员和中央新闻网站人员在传播网络正能量上，具有更高的政治觉悟和更强的影响力，对重大政策、重大主题、重大活动、重大事件、热点问题和突发事件更加敏感。当然，也并不能因为这个评选结果就忽略其他机构和个人在网络社会正能量上的影响力。由于机关事业单位是主要申报单位,企业、商业网站、社会组织等其他社会机构参与度还不高,因此对最后的榜单单位结构产生了重要影响。

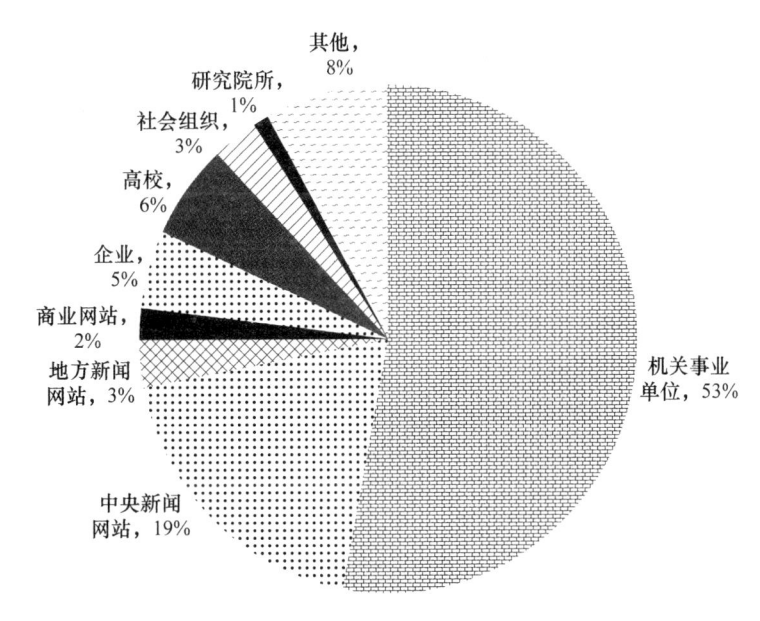

图 2-12　第二届网络正能量榜样申报单位类型

资料来源:笔者根据第二届网络正能量榜样名单整理。

从榜样类型来看,榜单中有 66 个网络账号运营榜样、17 个网络时评榜样、9 个网络文化创作榜样和 8 个网络活动策划榜样（如图 2-13 所示）。网络账号运营类榜样占据了 66% 的份额,这说明了在经济社会快速数字化进程中,社交网络的发展极大地推动了自媒体的发展,推动了媒体传播模式从中心化向去中心化转变,网络平台账号,如微博、微信公众号、贴吧、BBS 等网络社区已经成为社会的主要信息传播渠道。

在 66 名网络平台账号运营榜样中,全部为多平台运营,其中有 52 名榜样运营微博账号。截至 2018 年 8 月,运营微博账号的粉丝总量达到了 1.18 亿,其中粉丝量最大的单位微博

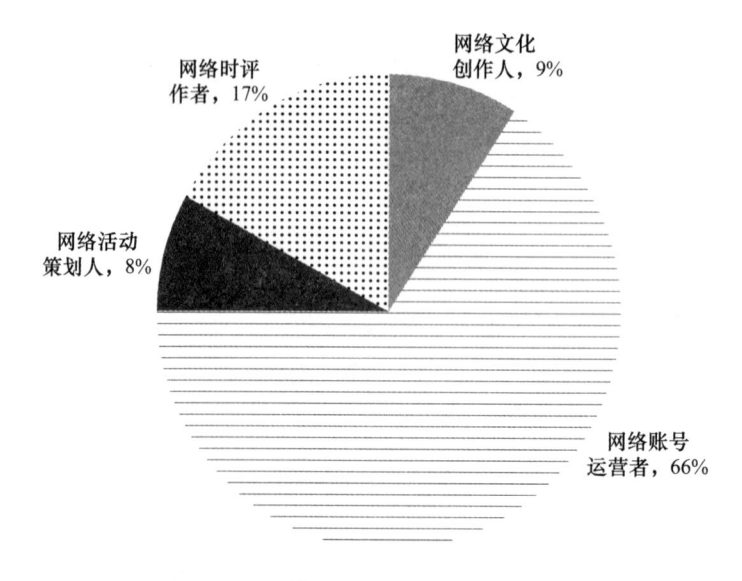

图 2 – 13 第二届网络正能量榜样类型

资料来源：笔者根据第二届正能量榜样名单整理。

号为@公安部打四黑除四害，共有 2926.7 万粉丝；其次为@军报记者和@今晚报，分别达到了 1800.9 万和 1006.5 万粉丝。粉丝量最大的个人微博号为@地瓜熊老六，粉丝数量达到了 525.9 万，其创作的舆情漫画在 2016 年阅读量超过 10 亿；接着为@法医秦明和@书房点兵，粉丝量分别达到了 499.7 万和 403.4 万。除了微博，有 34 名榜样运营微信公众号，还有部分榜样在今日头条、腾讯、人民网等平台上运营自媒体账号。

从第三届网络正能量榜样主要事迹词云图看出（如图 2 – 14 所示），入选榜样在 2016 年重大政策、重大主题、重大活动、重大事件、热点问题和突发事件中，如"两学一做""长征胜利""两会""南海仲裁""中国制造日"等，都积极参与发声，在引导舆论、还原事实、净化网络环境中发挥了积极作用。

（2）第三届网络正能量榜样评选活动榜单

第三届网络正能量榜样评选活动的 100 名网络正能量榜样经过网络征集、初评、投票和终评，于 2018 年 11 月正式公布。

图 2-14　第三届网络正能量榜样主要事迹词云图

注：此词云图过滤了正能量榜样活动平台词，如人民网，微博等。

资料来源：笔者根据第三届网络正能量榜样主要事迹制作。

榜样相比过去分类更加简明，分为网络媒体运营人、活动组织者和重要人物、网络作品创作者、网络空间公众人物四类，体现了不同类别网络正能量榜样在不同的网络角色中发挥的重要作用。

相比第二届网络正能量榜样类别分布，网络媒体运营人依然是占比最大的榜样，体现了网络媒体在当前网络正能量传播中的重要作用。网络作品创作人占比大幅度上升，更加凸显了网民创作的网络作品以及网民在网络空间的自觉行为在弘扬和传播网络正能量中的重要作用。

从两届榜单的榜样来看（见表 2-3），有 18 名榜样连续入选，其中有 13 名为网络媒体运营人，表明正能量网络媒体传播的持续性；同时新入榜榜样占比达到了82%，表明网络正能量正在受到越来越多网民的关注和重视，正能量作品创作日益增多，正能量活动组织日益丰富，公众人物正能量行为影响日益增大，网络媒体正能量传播受众范围持续扩大。

表2-3　　　　　　　　　连续两届入选正能量榜样

类别	姓名
网络媒体运营人	"交警陈清洲"运营团队
网络媒体运营人	"阿勒泰公安在线"运营团队
网络空间公众人物	"曙光狮"品牌团队
网络媒体运营人	丁玉宝
网络作品创作人	王德华
网络媒体运营人	闫光宇
网络媒体运营人	肖永乐
网络作品创作人	杨飞
网络媒体运营人	余金虎
网络媒体运营人	"法医秦明"运营人
网络媒体运营人	陆雄飞
网络媒体运营人	陈卜文
网络媒体运营人	"书香满心"运营人
网络媒体运营人	"悬壶问茶"运营人
网络媒体运营人	"警事V言"运营人
网络作品创作人	"逆光飞行"
网络媒体运营人	徐川
网络作品创作人	凌晓明

注：排名不分先后。

资料来源：笔者根据两届网络正能量榜样评选活动榜样名单整理。

4. 宣传情况

为鼓励广大网友积极报名参与活动，"五个一百"评选活动专题链接在人民网首页首屏显著位置以图板的形式循环展示，方便广大网友了解活动进展和进入填报系统。同时，通过人民网、《人民日报》官方微博和微信推送征集信息，鼓励网友踊跃报名，发布了《以"五个一百"评选释放真善美强大正能量》《期待"五个一百"助推正能量全力起航》等网评文章引导网上舆论，得到了网信办的全网推送，取得了良好的传播效果。

针对第二届和第三届评选结果的传播，分别制作了《点赞中国——2016—2017"五个一百"网络正能量精品展播特别节目》和《点赞中国互动生活——2018"五个一百"网络正能量精品展播特别节目》，并在中央电视台播出，进一步扩大了活动的影响力。

但由于活动宣传的渠道主要集中在中央媒体及部分地方政府媒体，还需要进一步扩展推广渠道，在全网形成对网络正能量精品评选活动的高度关注。

（四）活动主要作用

1. 加强党和国家在网络空间的领导

网络正能量榜样评选活动的设立和持续举办，是对网络空间治理的探索，为加强党和国家在网络空间的领导提供了抓手。

举办网络正能量榜样评选活动可以发挥以下作用：一是引导网络空间正能量发展方向，鼓励网络空间正能量发展，挤出网络负能量，保障网络空间环节清朗、向上；二是了解网络公众人物、活跃传播者、创作者和活动策划者等的网络活动情况，积累数据，动态掌握网络正能量的传播情况和影响力；三是评选活动可以进一步提高网络正能量榜样在网络空间中的影响力和传播力，提高网络正能量榜样在重大政策、重大主题、重大活动、重大事件、热点问题和突发事件中的话语权；四是激励更多网络自媒体参与到网络正能量传播中，同时也激励历届网络正能量榜样持续发挥在网络意识形态教育引导、网络舆情控制、网络空间行为等方面的正向作用；五是鼓励网络社会对知名网络公众人物、活跃传播者、创作者和活动策划者形成有效监督。

2. 利用网络加强网络舆论管理和引导

网络正能量榜样评选活动为在社会经济全面数字化的新时期，如何利用网络加强网络舆论管理和引导，实现"以网管网"提供了鲜活的实践经验。

随着我国网民规模的持续增长、互联网渗透率的持续升高、数据原住民（Digital Natives）规模的持续扩大、互联网应用水平的不断提升，网络空间成为意识形态斗争、政治思想教育的主要阵地，社会舆论发酵和传播的主要渠道。传统的思想教育、舆论管理方法已经无法适应网络空间的意识形态、舆论管理和引导需要，因此必须利用网络加强网络舆论管理和引导。

利用网络加强网络舆论管理和引导可以主要从以下两个方面入手。

一是研究和掌握网络空间传播规律。在去中心化和信息传播边际成本为零的网络空间中，信息传播的速度和扩散的轨迹发生了根本性改变。按照六度分隔理论，网络中的联系更加紧密和复杂，边缘化的节点随时可能成为网络舆论的中心，这意味着网络空间传播要以疏导为主。

二是充分利用网络资源，特别是利用社交网络中的密集联系节点，也就是具有影响力的网络正能量榜样来加强网络空间传播的管理和疏导。

3. 加强正向引导和激励

正能量和负能量是两种同时存在于网络空间的舆论导向，在通常状态下，两种能量会分散在各类网络社区、自媒体和大量意见表达中，此消彼长。但当出现重大政策、重大主题、重大活动、重大事件、热点问题和突发事件时，两种能量在网络空间中极易集中从而产生质变，形成对整个社会产生巨大影响的舆论氛围，尤其是负能量的集中很可能会助长各类消极行为乃至犯罪行为，甚至会产生社会动荡。而压制集中负能量可能会导致更多的负能量，因此必须通过引导和激励正能量传播来化解负能量，对冲负能量。通过网络正能量榜样评选在网络空间中树立多个正能量传播标杆，可以在出现重大政策、重大主题、重大活动、重大事件、热点问题和突发事件时，强化正向引导，降低负能量集中风险。

（五）改进活动的对策建议

1. 加大宣传推广

吸引力是网络正能量榜样评选活动的短板。由于活动宣传推广渠道集中于中央媒体和地方政府、媒体，在商业网站上的推广不足，导致活动的受众有限，主要集中在中央媒体和地方政府、媒体网站的用户，而关注这些网站的用户往往是更具有正能量的网络用户，这会影响整个评选结果并且会限制评选活动的影响力。

网络正能量榜样评选活动的宣传推广本身就是一个传播正能量的过程，因此必须加强评选活动的宣传推广力度，同时，还可以吸引更多的网民关注活动和参与活动，使其成为活动推广的一个节点，进一步提高评选活动的热度。

除了加强网络正能量榜样评选活动的宣传推广外，还要加强对入榜榜样的宣传推广和激励。一方面，相对于各个行政或者事业体系内的网络正能量相关人物评选，网络正能量榜样评选理应更具综合性和影响力，因此应该在全国、全网加强宣传推广，既提高活动影响力，同时也进一步提高正能量榜样的影响力。另一方面，建议通过公函等形式，把网络正能量榜样获奖者发给地方宣传部或网信办，组织地方重视网络正能量榜样的宣传和学习。

2. 扩大活动申报范围

当前网络正能量榜样评选活动主要由行政事业单位通知和组织中央及地方各级单位申报。三届活动申报人选尽管总人数呈现增长态势，但是有效候选人都在1000人左右，而且大多数为机关事业单位候选人。候选人的职业结构使得最终榜单的职业结构也以机关事业单位为主，这给网络正能量榜样评选打上了鲜明的政府烙印，这一方面不利于提高正能量榜样的公信力和权威性；另一方面也会加大正能量榜样的舆论引导难度。

因此，必须扩大网络正能量榜样评选活动申报范围，鼓励商业网站推荐、群众推荐，吸引全社会各行各业的正能量榜样积极参与，使"网络正能量榜样评选活动"真正成为一个全社会的评选活动。

3. 设置评选后的追踪评价和实时监督举报通道

加强榜样的评选后管理，设置评选后的追踪评价和实时监督举报通道。网络既是信息传播力和影响力的扩大器，同时也是信息隐匿、规避监管的重要领域。尽管设置了科学的流程和专家、网民的评选以及全网公示环节，网络正能量榜样评选活动仍存在疏漏之处。因此对于正能量榜样的评选后管理是提高评选活动公信力，进一步提高正能量传播的重要方式。一方面可以持续发挥正能量榜样的传播影响力，而不是昙花一现，成为为评选而传播正能量的短期现象；另一方面可以加强对网络正能量榜样的舆论监督，鼓励网络社会关注正能量榜样。

4. 提高信息系统效率和数据分析能力

网络正能量榜样评选活动不同于传统正能量榜样评选的地

方在于前者的数字化。榜样的粉丝，作品的阅读量、转发量、点赞量，互动情况等正能量传播情况、影响力情况都可以在一定程度上用量化数据来显示。因此必须加大力度做好评选活动的数字化处理，提高信息系统效率，做好数据架构设计和数据需求汇总。一方面，高效的信息系统可以降低申报成本，提高整个评选流程的效率；另一方面，也更为重要的是，通过评选活动形成中国网络正能量榜样等系列数据库，并利用数据库分析和掌握网络空间正能量的动态传播情况，这是通过评选活动积累数据的更大价值所在。

三 "五个一百"之网络正能量文字作品评选活动综合评价分析

(一) 活动开展情况

"五个一百"之网络正能量文字作品评选活动(以下简称网络正能量文字作品评选活动)是与"五个一百"其他四个评选活动同步推进的正能量评选活动。环球网承接文字作品评选活动任务后,成立了评审组。评审组成员主要来自评论频道和总编室,人员为2—4人,负责人为评论频道主编翟亚菲,成员相对比较稳定。

1. 活动组织情况

为了做好网络正能量文字作品评选活动评选工作,保证评选的客观性、公正性和合理性,评审组在评选程序上设置了内部筛选、初评、初评结果网络展示、专家综合评审等几个评审环节,并在各个环节都成立评审专家组且各专家组成员保持相对独立。评审组内部筛选专家和外部评审专家多数为长期从事网络评论或网络文字工作的专家或工作人员,对文字作品有较强的敏感度和较好的把握。在专家组人员构成上,内部筛选专家组为2—4人,主要是评审组成员;初审专家组有22人,主要来自中央及地方网信办、各部委或其他机关内容负责人、中央媒体评论部门负责人等。终审专家组10人,一般从初审专家中选择。

2. 评审流程

首先，为了减轻外部评审专家的工作量，内部筛选专家会对申报上来的作品进行筛选，过滤掉水平相对不高的作品。通过内部筛选的作品为有效申报作品。评审组依据主题和内容将有效申报作品分为国际、国内、政治、经济、军事、文教和其他七大类。其次，将分类后的作品分配给外审专家初审。初审专家收到作品后依据评审标准和要求对作品进行打分，给出评审结果并返给评审组。评审组根据初审专家的评审结果对作品进行排序；依据排序选出初评展示精品作品并进行网络展示，由网民对作品进行投票。经网络展示和网民投票后进入终审环节，终审专家依据初评展示及网民投票结果进行综合评审，提名百篇获奖作品。最后，公示获奖作品并颁发获奖证书。

3. 申报和推荐要求

网络正能量文字作品评选活动主要是针对在"四重大、一热点和一突发"[①] 事件中积极发声、传递正能量，形成正面引导作用的原创性网络评论的文字作品，对参评作品的体裁不限。参评作品为本年度创作的作品。历届具体评选的基本要求如下。

（1）申报作品须由网民自发原创，不得抄袭、盗用他人作品，不得侵犯他人或机构知识产权。

（2）申报作品须立场正确、发布及时、影响较大、引导效果较好，文字流畅、内容丰富、表述准确。

（3）申报作品须发表时机恰当，尤其侧重于重大活动、重大政策、重大事件、重大主题、热点问题和突发事件中在网上

---

① 指重大政策、重大主题、重大活动、重大事件、热点问题和突发事件。

形成关键性正面引导作用的文字作品。

（4）申报作品具体分为大众媒体类（指已在大众网络媒体正式发表的网评文章）和自媒体类（包括博文、微博文、微信文章、帖文、诗歌、段子等）两大类别。每大类下设国际、政治、军事、经济、社会、文教、其他七小类。每个单位或个人每大类限报1篇。

（5）大众媒体类文字作品字数在800字以上；自媒体类文字作品不限最低字数。

（6）所有作品一律采用单篇word版形式提交（即每篇作品有且仅有一个word版）。其中，word文件标题一律用"【文章大类（文章小类）】作品标题（作品日期）——推荐人或推荐单位"格式，如：【大众媒体类（社会类）】中国人为啥热衷日本游？（20150515）——张三。

第二届网络正能量文字作品评选活动在第一届网络正能量文字作品评选活动的基础上做了微调，去掉了对单位和个人申报篇数的限制。第一届网络正能量文字作品评选活动申报对每个单位和个人做了限报1篇的限制，第二届网络正能量文字作品评选活动去掉了单位和个人大类限报的限制。第三届在类别划分上做了调整，由原来的国际、政治、军事、经济、社会、文教和其他七类调整为国际、国内、军事、社会、文教和其他六类。在篇数上也由无限制调整为单位申报限报10篇，他人推荐限制为每个推荐人限报3篇。

4. 专家评审要求

为保证评审结果相对统一和客观公正，评审组在广泛征求专家意见的基础上，制定了评审要求。第一届和第二届网络正能量文字作品评选活动的评审要求相同，主要包括四个方面：

一是内容质量，主要包括语言质量、内容真实性、内容逻辑性、内容时效性、内容重要性和标题质量六个方面。具体来看，要求所有推荐作品语言鲜明流畅、通俗易懂、适合网络传播；作品所引数据、事实、观点等均出自官方正规报道，有据可依；逻辑清晰、层次分明；思想丰富、内涵深刻；选题为当年重点新闻事件、重要舆论话题等；所选标题具有吸引力和感染力。

二是传播影响力。主要包括作品转发量、跟帖量、舆论关注度及影响力等。

三是作品创新性。所有作品提倡充分发挥主观能动性和想象力，提倡新观点、新形式等差异化模式作品观点或形式，若为首创，新颖可塑，在评选中将优先考虑。

四是作者主动性。所有推荐作品提倡自觉、自发的主动性，即当出现重大热点新闻事件、重大舆论焦点时，作者积极、自发、激发灵感，主动为弘扬和传播网络正能量所创作的优秀作品，在评选中将优先考虑。

经过两届网络正能量文字作品评选活动的评选，结合实际评选中评审专家的反馈意见，第三届对评审标准做了调整。修订后的评审标准由四个方面调整为五个方面，具体如下：

一是内容要求，主要包括语言质量、内容真实性、内容逻辑性、内容思想性、内容时效性、内容重要性、标题质量等。

二是传播影响力，主要包括点击量、跟帖量和转载量等，即在互联网上形成多大程度的舆论优势。

三是作品创新性，报送作品提倡充分发挥主观能动性和想象力，提倡新观点、新形式等差异化模式作品。作品观点或形式若为首创，新颖可塑，在评选中将优先考虑。

四是作者主动性，当出现重大新闻热点事件、重大舆论焦点时，作者积极、自觉、激发灵感，主动为弘扬和传播网络正能量所创作的优秀作品，在评选中将优先考虑。

五是排版质量，报送作品应布局合理、排版清晰，无错字、错词、错误标点符号，无错行、串行等。

新评审标准对内容要求和影响力方面做了调整，增加了排版质量要求。

5. 专家评审标准

评审组在内部筛选、外审专家初评、终评等筛选评审环节只是制定了评审要求，还没有将要求细化为标准，因而对专家的主观经验和态度依赖性较强。例如，在第一届评选时，专家评审的各项要求都是是非选项，专家只需打勾或者画叉。这虽然发挥了外部评审专家的主观性和经验性，但在一定程度上失去了客观性和公正性。鉴于此，在第二届评选时，评审组将评审要求分为五个打分项，总分100分，具有了设定评价指标及为指标赋值的意向。经过一届的运行，发现执行难度较大。因为外审专家数量较少，有效申报作品数量较多；再加上评审时间较短，大部分专家反映如严格执行打分，就无法按时完成任务。由于第三届申报作品再次大幅度增加，评审组将五项细分打分退回到一项综合打分，即打总分。这样，在第二届评选趋于指标细化的标准再次回归综合评审，成为主要依赖经验性的专家打分。

6. 评选活动组织开展情况

2015年11月，以"传递正能量网络更清朗"为主题的第一届"五个一百"网络正能量精品评选活动正式启动。经过申报和推荐，文字作品评审组委会共收到申报作品1500余篇，筛选出初评入围作品243篇予以网上展示。在作品展示期间，网民点击数超过了2000万次，单篇点击最高的是军事类，高达57.1117万次；最低的是社会类，为5.6392万次，（具体见表3-1）。经过网上展示及网民投票后，经终审专家综合终审，最终选出100篇获奖作品。

表3-1　第一届网络正能量文字作品评选活动网络展示点击数

类别	篇数（篇）	点击数（次）	单篇最高（次）	单篇最低（次）
国际类	26	2047413	169767	56520
政治类	106	7789316	284453	56414
军事类	39	4305312	571117	57414
经济类	9	616145	156403	56397
社会类	38	4647919	407178	56392
教育类	20	1243446	100185	56407
其他类	5	291461	62387	56434
合计	243	20941012		

资料来源：笔者根据调研搜集到的数据整理制作。

2016年12月28日，以"网聚正能量　共绘同心圆"为主题的第二届"五个一百"网络正能量精品评选活动启动。文字作品评审组共收到有效申请作品2864篇，经过内部筛选和专家初评，在网上展示300篇。在网上展示和网民投票后，经终审专家综合评审，评出精品百篇。入选百篇的作品呈现出多元、厚重的特点，凸显了年度的中国特色和时代价值导向，体现了全社会对于互联网释放更多善意和正能量的期待。

2018年2月5日，以"网聚正能量　唱响新时代"为主题的第三届"五个一百"网络正能量精品评选活动启动。文字作品评审组共收到申报作品5024篇，经过内部筛选和外部专家初审，入围展示作品为302篇。展示期间，共934万网民参与了投票，单篇得票最高的超过110万票。公示投票结束后，终审专家参照初评结果及展示期内网友投票情况，选出百篇优秀作品。第三届网络正能量文字作品评选活动展示及投票具体情况见表3-2。

表3-2　第三届网络正能量文字作品评选活动展示及投票情况

类别	篇数（篇）	投票（票）	单篇最高（次）	单篇最低（次）
国际类	17	47883	7418	1091

续表

类别	篇数（篇）	投票（票）	单篇最高（次）	单篇最低（次）
国内类	107	518311	345774	233
军事类	38	4410843	800222	1091
社会类	79	496840	95843	65
文教类	26	69767	17225	207
其他类	35	3794715	1109173	170
总计	302	9338359		

资料来源：笔者根据调研搜集到的数据整理制作。

（二）活动分析

经过连续三届的举办，"五个一百"网络正能量精品评选活动的品牌形象已广为人知，也得到了广大网友的积极响应和参与。

1. 主题选择体现时代需求和价值导向

为了保障网民在网络空间的合法权益，针对网络空间出现误导、欺诈、造谣等惑众现象以及低俗、丑恶、暴力等问题，第一届网络正能量精品评选活动主题为"传递正能量、网络更清朗"。该主题价值导向和目标清晰明确，与网民的呼声和诉求一致，一经提出便激发了广大网民的共鸣，获网民点赞数超过10亿。在延续第一届主题的基础上，第二届网络正能量精品评选活动以"网聚正能量、共绘同心圆"为主题，积极引导网民参与正能量活动，形成了正能量你、我、他大家共绘同心圆的场景目标。第三届网络正能量精品评选活动的主题"网聚正能量 唱响新时代"是在第一届和第二届主题的基础上，紧扣时代发展的脉搏，响应新时代的诉求。整体来看，三届活动在主题选择和设置逻辑方面层层递进、环环相扣，体现了我国网络发展弘扬社会主义核心价值观的价值导向和新时代凝聚力量的创新需求。

2. 申报积极性提高，活动引领力激发

2015年，第一届网络正能量文字作品评选活动举行，经过一个月的征集，评审组共收到申请作品1512篇（如图3-1所示）。由于是第一次举办，申报作品因时限、经验不足等多方面的影响，申报数量相对较少，但为后续活动打下了一定的基础。经过第一届的宣传和评选，评选活动已经有了一定的知晓度。第二届的申报数量几乎翻倍，申报数量达到了2864篇。评选活动在网络媒体的影响力得以快速提升。特别是2016年9月，中央电视台在黄金时间以"点赞中国"的形式对"五个一百"网络正能量精品评选结果的展示，在网上网下掀起了"正能量"的热潮，"五个一百"的影响力、渗透力再次急剧扩散。2017年度，第三届申报作品量提升到5024篇，其影响力进一步扩大，对网络正能量作品的激发和引领作用初步形成。

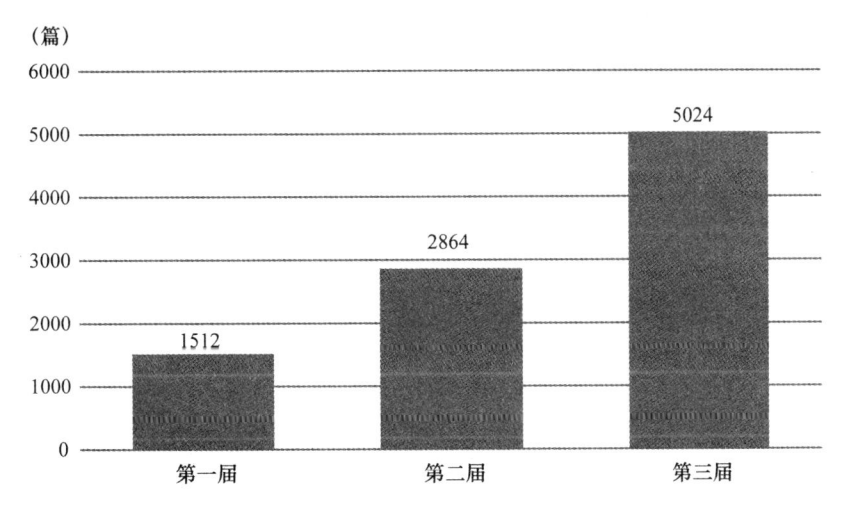

图3-1　第一届至第三届网络正能量文字作品申报数量

资料来源：笔者根据调研搜集到的数据整理制作。

3. 申报区域覆盖全国

经过第一届网络正能量文字作品评选活动的激发，第二届有

效申报的作品就已经覆盖了除澳门和台湾以外的全国所有省份（如图3-2所示），申报数量最多的北京达到了347篇，其次是浙江197篇，位列第三的是广东181篇。河南、河北、湖南、江苏、辽宁、陕西、浙江、山东和新疆的申报数量也都在100篇以上。香港在第三届开始参加申报，申报了1篇作品。北京申报数量依然遥遥领先，为450篇，河南申报数量迅猛增加到377篇，山东申报数量也快速增加到了376篇，四川以372篇位居第四位。在数量上，绝大部分省份的申报数量相对上一届都是大幅度增加。例如，安徽增加了127篇，河南增加了267篇，湖北增加了102篇。少数省份的申报数量相对上一届有所减少，例如，广东减少了32篇，广西减少了25篇，青海减少了23篇。

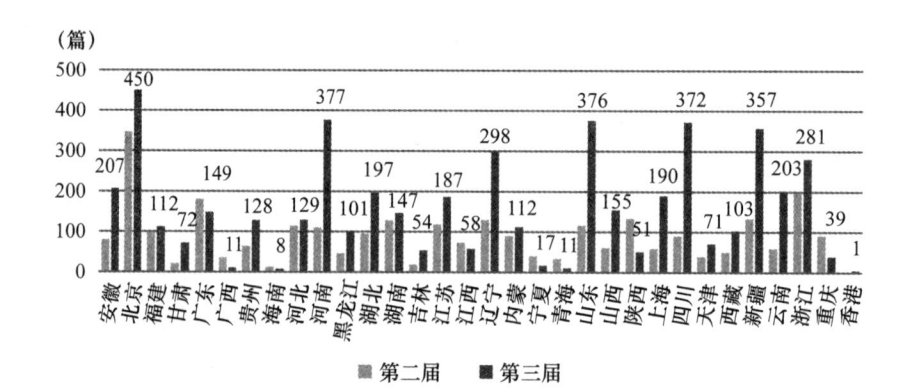

图3-2 第二届、第三届网络正能量文字作品申报区域分布
资料来源：笔者根据调研搜集到的数据整理制作。

4. 申报集中在机关事业单位，研究院所和商业网站较少

通过第二届、第三届有效申报数量的变化（如图3-3所示）可以发现，机关事业单位不但申报数量多，而且申报数量增长较快，由1483篇增加到了2704篇，增加了1200多篇。企业、社会组织和其他的申报数量尽管较少，但纵向来看，增加幅度却不小。例如，企业申报数量由101篇增加到了185篇，增幅为83.2%以上；其他申报数量由138篇提高到了259篇，增幅为87.7%；社

会组织类申报数量也由31篇提升到了53篇,增幅为71.0%。这反映出机关事业单位是申报作品的主要来源部门,同时也意味着作品评选活动的影响力在企业、社会组织和其他部门是快速扩散的。与此同时,中央新闻网站、地方新闻网站、商业网站和研究院所申报的数量都在减少,特别是中央新闻网站下降的幅度比较大,由374篇减少到了133篇;地方新闻网站也由494篇减少到了306篇;研究院所由7篇减少到了6篇。研究院所对评选活动几乎处于"失声"状态,第二届只有北京申报了3篇,上海申报2篇,广东和江西各申报了1篇;第三届只有北京和上海各申报2篇,内蒙古和陕西各申报1篇。

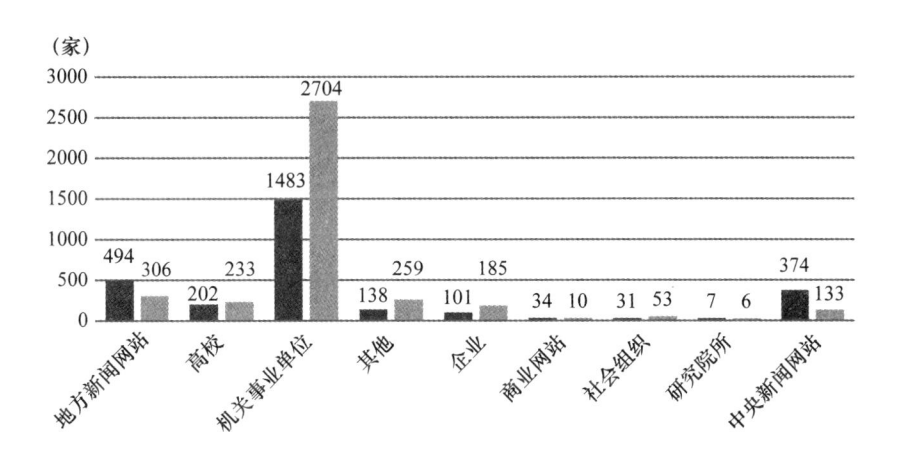

图3-3 第二届、第三届网络正能量文字作品申报部门分布

资料来源:笔者根据调研搜集到的数据整理制作。

5. 单位推荐申报为主,自荐和他荐为辅

从有效申报作品的数据来看,单位推荐是文字作品推荐申报的主要方式,自荐和他荐处于辅助位置(如图3-4所示)。第二届单位推荐作品为2064篇,占有效申报数量的72.07%;个人自荐732篇,占有效申报数量的25.56%;他人推荐68篇,占比仅为

2.37%。第三届单位推荐3423篇,占有效申报数量的68.13%;个人自荐作品1387篇,占比为27.61%;他人推荐作品214篇,占比为4.26%。从两届推荐申报的数据比较来看,在申报总数大量增加的情况下,单位推荐、个人自荐和他人推荐的作品数量都在增加,且单位推荐增加数量与个人自荐数量相当。远大于他人推荐数量;但个人自荐和他人推荐数量的增幅却远远大于单位推荐。这体现在单位推荐作品数量的占比由72.07%减少到68.13%,下降了3.94个百分点;而个人自荐则由25.56%提高到27.61%,他人推荐则由2.37%提高到了4.26%。

尽管个人自荐和他人推荐的作品数量相对较少,占申报作品数量的比例较低,但其增幅较大,表现出网络作品及网络评选的特征。相信随着评选活动的推进,作品在推荐方式结构类型上能够更好地体现网络的自由特征。

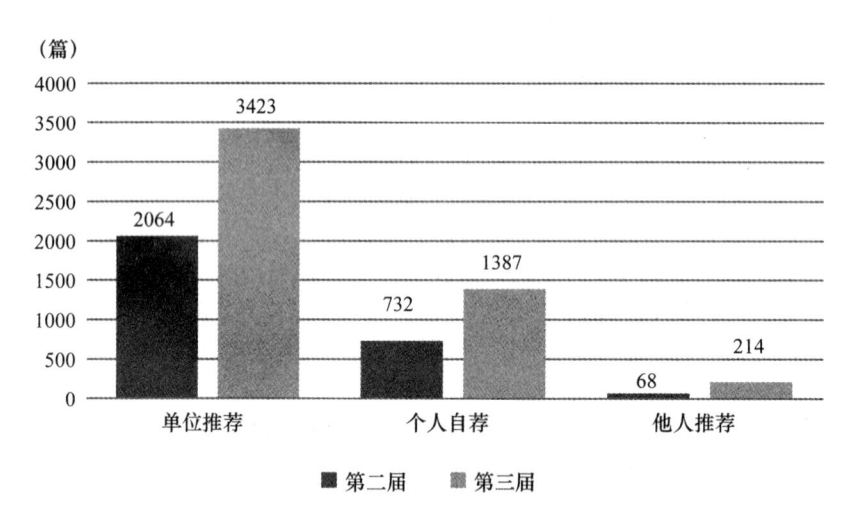

图3-4 第二届、第三届网络正能量文字作品推荐类型

资料来源:笔者根据调研搜集到的数据整理制作。

6. 内容集中于社会类、国内(经济)类,军事类及国际类略有不足

依据评审组对文字作品的已有分类,第二届有效申报的文

字作品在内容类别上主要集中在社会类（如图3-5所示），即在内容上反映社会正能量的文字作品为1109篇，占有效申报作品的38.72%。其次是政治类，即反映政治正能量的文字作品，数量为568篇。未分类（综合）作品为386篇；其他类和文教类分别是358篇和238篇；国际类和军事类数量较少，分别为52篇和81篇，在申报总数中占比很低。

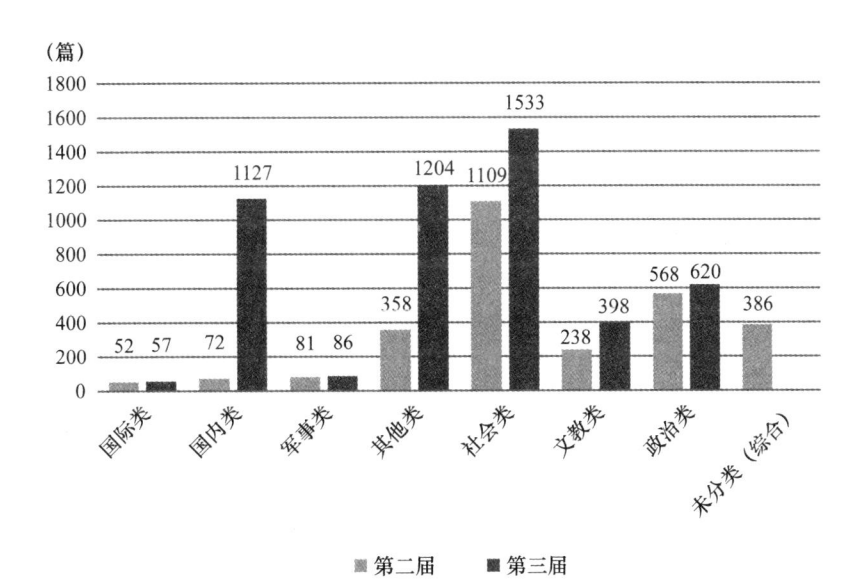

图3-5　第二届、第三届网络正能量网络文字作品类别结构
资料来源：笔者根据调研搜集到的数据整理制作。

第三届有效申报的文字作品在内容类别上仍然主要集中在社会类，其篇数为1533篇，占比降为30.51%；国内类和其他类作品数量大幅度增加，其数量分别为1127篇和1204篇，占比分别为22.43%和23.96%。然后是政治类和文教类，数量分别为620篇和398篇。作品数量较少的依然是军事类和国际类，数量分别是86篇和57篇。

由两届内容类别的分布来看，作品基本集中在社会类、国内（经济）类和其他类，政治和文教也是作品反映的重要内容。军事类申报数量一直较低，有些让人费解。

7. 作品关键词知识图

第一届网络正能量文字作品评选活动申报作品关键词反映了年度国际国内的重大、重点和热点内容。例如，中国梦、时代、经济、常态、创新、时代在展示精品中都是高频词，反映了党的十八大后，我国经济进入新常态、创新作为引领时代发展的理念正在达成共识，加快实现中华民族伟大复兴的梦想在祖国大地日益深入。第二届申报作品对"十三五"规划、加强党建、强化组织、经济新常态、传统优秀文化，以及 G20 有比较充分的反映。第三届网络正能量文字作品评选活动申报作品的关键词为时代、党员、干部、精神、两学一做、不忘初心以及复兴、初心、群众、情怀、文化、历史、幸福、群众等，反映了加强党的建设、依法治国、依法行政的政治主题和讲中国故事、宣扬中国优秀文化的文化建设导向。

（三）活动存在的问题及改进建议

网络正能量文字作品评选活动由于组织举办时间短、承办单位经验不足，仍存在一些不足和需要改进的地方。

1. 活动存在的不足

网络正能量文字作品评选活动的主题选择和确立环节基本没有问题，其不足主要存在于其他环节，具体为以下五个方面。

（1）**组织申报时间较短**

三届活动组织申报情况显示，申报时间一般为一个月左右。这样，从公示告知到申报截止时间较为紧凑，对组织方来说可以集中精力、高效处理申报作品，有利于提高活动组织效率；但对申报人而言，不利于作品申报，甚至无法完成申报。很显然，由于申报时间比较短，必然会存在漏报、少报或误报的问题。总之，对全国全网的正能量征集活动而言，其申报时间期限较短是征集申报环节存在的问题。

(2) 内部筛选专家人手不足

内部专家筛选环节存在人手不足、时间紧迫的问题。内部筛选是评选活动的重要环节，是申报作品评选的第一关。环球网作为文字作品评选的承办单位，设有评审组，常设人员兼内审专家为2人。活动申报期间，2人要处理近万篇作品，加班加点，以办公室为家，压力巨大；即使向其他部门多借2人，也是超负荷运转。这样显然会影响内筛的质量。

(3) 外部初审时间短、任务重

外审专家初审存在两个问题，一是评审时间短、任务重；二是评审标准不一。外审初审专家为20人，评审时间一般是一周。第三届有效申报作品为5000多篇，每个初审专家都需要在一周内对250篇左右的作品进行评审，显然难度很大。由于时间的限制，评审专家为了按时完成任务，难免会对评审作品随意打分。此外，第一届评审没有打分要求，第二届提出了打分要求，然后汇总得分；第三届对打分标准做了回调，只要求打总分。这样，评审专家打分的随意性较大，降低了评审的客观性和公正性。

(4) 网民投票所占权重较小

作品展示、网民投票共有一周时间，这是发挥网民指尖力量的阶段。在这期间，网民可以对自己喜欢或感觉正能量满满或自己支持的文章进行投票。评审组对网民网络投票做了限制性规定，这在技术上很大地限制了拉票作弊的现象，保证了网民网络投票的公正性。事实上，网民投票的问题并不在于投票环节，而是在终审专家综合评审环节。具体而言，就是网民投票在综合评审环节的比例权重很小，造成一些网络投票环节得票较高的作品最后没有获奖，引起部分网民的质疑和不满，以致形成评选活动有失公允的印象。

(5) 评选活动后期梳理总结不到位

在与网络正能量文字评选活动承办单位的走访和座谈中，课题组发现活动总结均是各承办单位的薄弱环节。有的承办单位每年换人，连年度活动数据都没有保存，更谈不上资料和数据梳理。有的单位年度活动数据缺失，多数单位没有活动报告，更谈不上经验教训总结。例如，第一届申报数据缺失、初评数据缺失，第二届申报数据、初评数据、网上展示及投票资料缺失，这导致评选活动总结和研究无法进行。

2. 改进建议

针对网络正能量文字作品评选活动过程中存在的问题，课题组提出以下三点改进建议。

(1) 设立常设机构和配备专职负责人

"五个一百"网络正能量精品评选活动分为五个评审组，各家承办网站分别成立临时或常设评审组。在临时或常设评审组模式下，很难投入充足的人力、财力和物力以保证活动的质量。为了解决评审组模式下临时性、兼职性、任务性的工作组织方式，建议各承办机构设立评选活动常设机构，设有专人负责项目评选活动。通过组织机构的设置和调整来改进项目工作模式，从而提升活动的质量和影响力。

(2) 将评选活动常态化

建议将评选活动常态化，即作品即时申报、常态筛选、常态初审。具体而言就是，自上届活动结束后，作品可以随时向申报端口申报。所有申报成功的作品都进入申报资料库。内部筛选专家在接收到申报成功的作品后对申报作品进行常态化筛选，并将通过筛选的作品并入到初评库。评审组将进入初评库的作品进行常态化初审，分配给初评专家。通过初评专家初评的作品并入到终审库，为年终评审做准备。终审库的作品均向全网展示，全天候接受网民阅读、转载、传播和投票。这样，不但有利于解决优秀作品漏报问题，还有利于解决内筛专家、初审专家短期超负荷工作的问题；最重要的是达到了优秀作品多次阅读、转载、传播的目的，使网络正能量优秀作品的传播和影响力达到最大化，有利于激发、聚集和传播网络正能量。

（3）入选百篇作品认定以网民投票为主、专家为辅

建议将评选模式调整为以网民投票为主、专家对入围作品把关的评选模式。具体而言，就是通过初评进入终审评选的所有作品全天候对网民开放，网民可以随时阅读、随时转载、随时投票，年终由评委会依据入库系数对网民阅读、投票、转载、转发次数进行调整，得出网民阅读、点击、转载、转发的自然排序。最后，由评审专家对可能入围的百篇作品进行把关，看是否存在重大瑕疵，将存在瑕疵或网民举报作弊的作品剔除，后续作品补位，最后得出百篇网络正能量优秀文字作品。这既符合活动的初衷，也符合网络作品、网络传播的特点和网民网络民主性的需求，更体现了网络时代网络开放的特征。

四 "五个一百"之网络正能量图片评选活动综合评价分析

2018年6月,课题组赴"五个一百"之网络正能量图片评选活动(以下简称网络正能量图片评选活动)的承办单位——中国新闻网开展了调研,与网络正能量图片评选活动的相关负责人举行座谈。通过调研,课题组深入了解了网络正能量图片评选活动的组织和运作,包括报送主体资格、评选流程和标准、评选专家组成、数据的来源、奖励机制等情况,同时围绕评选活动承担单位和评选专家对于"正能量""互联网正能量""互联网正能量传播""互联网正能量传播的评价标准"等的理解和思考,并取得了关于该活动的较为完整的一手资料。在实地调研、信息收集和数据分析的基础上,课题组对"网络正能量图片评选活动"进行了综合评价分析。

(一)活动概述

网络正能量图片评选活动的评选对象,是上一年度在重大活动、重大政策、重大事件、重大主题、热点问题和突发事件中积极发声,传递正能量,发挥网上正面引导作用的原创摄影类和创意类图片。

网络正能量图片评选活动的关键词有三:"网络""正能量""图片"。其中,"网络"表明了评选活动的新时代背景和节奏;"正能量"是评选活动的精神内核与实质;"图片"则是评选的对象。

1. 核心区别:围绕图片这一特殊载体

围绕图片(包括原创拍摄类、创意类图片和漫画等)在网络正能量传播中的独特表现、地位和作用来策划评选整个评选活动、确立评选标准、设计评选方案,是网络正能量图片评选活动区别于其他"四个一百"的鲜明特点。

现代媒体尤其是网络媒体的一个重要趋势是,由以文字为中心向以图像为中心的传播方式过渡。图片在新闻传媒中地位的上升,是互联网时代新闻传媒改革和创新的必然结果。将图片和文字、动漫音视频等同列"五个一百",反映了"五个一百"网络正能量精品评选活动的策划者对于图片和音视频等新的多元表现形式在互联网时代的新闻传媒中的地位和作用的高度认同。

随着信息时代的到来,人们的工作节奏加快,获取信息的渠道也越来越多,需要以更短的时间、更便捷的方式得到最新鲜、最明了的信息,这就使各种媒体需要以更简洁的形式来传播新闻、搭载信息。与文字等相比,图片以其形象性从视觉上和心理上快速引起读者的注意,并以其直观性提高信息的传播效率[①]。图片还具有生动性、瞬间性、纪实性,以及现场感强、感染力强、视觉冲击力大等特点。图片的读者不受国籍、种族、民族、语言、受教育和文化程度等的限制,为无障碍阅读、快速传播提供了便利。此外,所谓"有图有真相",在信息快速消费时代,图片也为佐证信息的真实性提供了可靠的证据。总之,图片在新闻传媒中的作用越来越突出,作为对历史的记录、对现实的反映,它以特有的形象语言向浏览者展示着独特的魅力,

---

① 百度百科:《图片》,https://baike.baidu.com/item/图片/372416。

发挥着独特的作用。图片不再单单在版面上起点缀、装饰作用，而是担任了新闻报道的主角，成为人们看到新闻后的"第一视点"。从前附属于文字新闻的图片，已经发展成为一种可以独立担当各种题材甚至重大题材报道的多形式的新闻体裁。

网络正能量图片的评选，即是要在数量庞大的互联网图片中，寻找最优秀的、最具正能量的（新闻）图片。优秀的、正能量的（新闻）图片，具有以下五个特点。

一是坚守真实性原则，坚守新闻职业道德，深入实际、深入生活、深入人民群众，重视对图片性新闻形象性、瞬间性本质的挖掘和表现，为新闻事件增加视觉冲击。

二是包含丰富的信息和醒目的内容，强烈地吸引不同国界、民族、语言、阶层、文化层次的阅读者，引发广泛的共鸣。与另一网络传媒的宠儿——视频相比，图片的画面静止、定格，给阅读者留下了充分的观察和品味的时间、发挥和想象的空间。

三是集合了摄影、美学、社会学、心理学、史学、信息学、传媒学、采访学、编辑学、构图学、语言学、应用技术学等各种知识，能够凭借直接、即时的图片，淋漓尽致地作出表达。

四是可以独立担当各种题材甚至重大题材的报道，也可以和文字结合来传递新闻、信息和思想。图文之间通过紧密配合、互为补充，最终相辅相成、相得益彰，达到总体信息量的增加。

五是经过了严格把关。这种把关不仅体现在形式上，还体现在内容上；不仅是技术处理上的，而且是社会伦理道德上的；不仅在信息传递上，更是在舆论宣传和引导上，必须审视图片是否蕴含充分的正能量，是否符合社会主义核心价值观。

2. 进展和重要意义

2015—2018年，"五个一百"网络正能量精品评选活动已成功举办了三届，设置了五个板块。其中，文字、图片、动漫音视频和专题活动，是以作品的载体和表现形式来分类；正能量榜样，则更多地关注作品宣传的人物和事件。

经过三年的摸索和改进，网络正能量图片评选活动已形成了一套较为成熟的运作模式。评选活动主要分为在线征集、评委初评、网络展示投票、评委终审、网络公示、榜单揭晓、颁奖典礼七个环节。活动面向全国全网进行作品征集，可通过单位推荐、个人自荐或他人推荐方式进行申报。随后，由相关领域的专家学者、媒体代表等组成评审委员会进行评审，并对初评入围作品进行公示。在网络展示阶段，由网友本着公平、公正的原则，对入围作品进行投票。评审委员会参考公示期内网友投票结果，选出100幅正能量图片。评选结果公布后，获奖作者或单位将获得评选活动表彰证书，还邀请部分代表参加"五个一百"网络正能量精品评选活动颁奖典礼。网络正能量图片评选活动的承办单位——中国新闻网，全面负责活动的宣传实施，包括制定活动实施方案、发布通知公告、设计宣传海报、制作外围征集、作品初评、网络公示和投票、作品终评、榜单揭晓等专题宣传页面、汇编成果及展示、活动推广等。

网络正能量图片评选活动以"正能量"为关键词，选拔优秀的正能量图片，集中、突出地展示世间美好，引起人的共鸣，感化人的心灵，规范人的行为，引导正确方向，增强道德信念，塑造正确"三观"，净化了网络环境。五年多来，网络正能量图片评选活动在发掘、汇聚以及传播正能量和宣传优秀人物和事件方面取得了有目共睹的成绩，有助于党心民意同频共振，为全社会团结奋进新时代、实现中华民族伟大复兴的中国梦凝聚了强大的精神力量。"五个一百"网络正能量精品评选活动彰显了中国这一新时代"网络大国"走向"网络强国"的文化自信。

正如一位网友所评论的："五个一百"网络正能量精品评选活动的意义不在于谁是真正的正能量榜样、谁创作了正能量作品，而是通过评选活动，展示出更多的榜样人物和精彩作品，将网络正能量的"支点"铸得更加庞大和牢固，支撑起清朗的网络空间，营造出符合人民利益的网络环境。榜样是鲜活的标杆，透过文字和图片等传达的震撼人心的力量不会消散，以"德"润心的普通照片有了灵魂的价值，时代话题的探讨永不过时，网络视频讴歌时代进步……将正能量融入日常的交谈、网络的留言里，潜移默化地提振全社会的信心和斗志，汇聚起同心共筑中国梦的强大能量。①

（二）对活动开展情况及相关数据的分析与评价

对现状的了解和把握有助于弥补现有机制的漏洞，从而使活动各个方面更加完善，而对现有数据的分析和处理是了解和把握现状的最直接、最有效途径。课题组通过描述性数据分析、列表法、比较法等对所掌握的有关数据进行处理和分析，以发现网络正能量图片评选活动中存在的规律、问题并提出解决方案和办法，最终服务于评价指标体系的构建。

1. 评选活动的组织、运行和参与情况（见表4-1至表4-5）

表4-1　　　网络正能量图片评选活动全流程作品数量　　　单位：幅

	第一届	第二届	第三届	三届总计
征集	1521	1297	1352	4170
初筛	420		250-300	
初审	267	300	150-200	
二审	150	150	150	450
终评	100+10	100+10	100+10	300+30

注：空白处为数据来源单位未统计。
资料来源：笔者根据中国新闻网提供的数据整理制作。

---

① 李群：《五个一百：聚合新时代更加强劲的网络正能量》，中国青年网，2018年2月8日，http://pinglun.youth.cn/ttst/201802/t20180208_11395744.htm。

表4-2　　　　　　　　各省份申报作品数量　　　　　　　单位：幅

	第二届	第三届
安徽	46	88
北京	187	215
福建	89	57
甘肃	34	86
广东	78	36
广西	27	4
贵州	51	50
海南	30	7
河北	61	55
河南	29	153
黑龙江	50	53
湖北	61	57
湖南	42	61
吉林	20	18
江苏	84	120
江西	72	23
辽宁	54	217
内蒙古	105	71
宁夏	21	8
青海	13	5
山东	59	150
山西	42	65
陕西	57	20
上海	20	146
四川	53	59
天津	33	117
西藏	6	13
新疆	98	181
云南	10	79
浙江	132	214

续表

	第二届	第三届
重庆	62	31
香港	0	1
总计	1726	2460

资料来源：笔者根据中国新闻网提供的数据整理制作。

表4-3　　　　各类型单位的申报与获奖作品数量　　　　单位：幅

	第二届（申报）	第二届（获奖）	第三届（申报）
机关事业单位	958	18	1440
中央主要新闻网站	196	35	185
地方主要新闻网站	276	24	176
高校	83	3	140
研究院所	1	0	2
社会组织	42	1	59
商业网站	27	1	15
企业	52	8	195
其他	91	10	248
总计	1726	100	2460

资料来源：笔者根据中国新闻网提供的数据整理制作。

表4-4　　　　不同申报方式的作品数量　　　　单位：幅

	单位推荐	个人推荐	他人推荐	申报总数
第二届	1454	233	39	1726
第三届	1825	531	104	2460

资料来源：笔者根据中国新闻网提供的数据整理制作。

表4-5　　　　不同类型的申报作品数量　　　　单位：幅

	摄影类	创意类	其他	申报总数
第二届	960	488	278	1726
第三届	1424	453	583	2460

资料来源：笔者根据中国新闻网提供的数据整理制作。

在第二届网络正能量图片评选活动中，共21个省（自治区、直辖市）参与了作品的申报，申报作品总数为1726幅，申报数最多的是北京（187幅），其次是浙江（132幅）、内蒙古（105幅）。申报数最少的是西藏（6幅），其次是云南（10幅）、青海（13幅）。东北地区和南部地区申报数较少，华北地区、东部沿海地区申报数较多。从申报人所在单位分析，机关事业单位申报数占申报作品总数的55.5%；中央和地方主要新闻网站申报数分别占申报作品总数的11.4%和16.0%；而商业网站、社会组织和高校申报数较少，分别占申报作品总数的1.6%、2.4%、4.8%。从申报方式上来看，单位推荐数占申报作品总数的84.2%，个人推荐和他人推荐数占申报作品总数的15.8%。从作品类型来看，摄影类占申报作品总数的55.6%，创意类占申报作品总数的28.3%，其他作品类占申报作品总数的16.1%。

在第三届网络正能量图片评选活动中，共31个省（自治区、直辖市），以及香港特别行政区参与了作品申报，申报作品总数为2460幅，申报数最多的是辽宁（217幅），其次是北京（215幅）、浙江（214幅）；申报数最少的是香港（1幅），其次是广西（4幅）、海南（7幅）。从地域来看，东北地区申报数增加不少，华北地区和东部沿海地区仍然是申报主力军。从申报人所在单位分析，机关事业单位申报数占申报作品总数的58.5%，仍然占据绝对地位；其次是中央和地方主要新闻网站申报数分别占申报作品总数的7.5%、7.2%，与2016年相比，总数和占比都下降了不少；而商业网站、社会组织和高校申报数较少，分别占申报作品总数的0.6%、2.4%、5.7%，与2016年相比，商业网站申报数又减少许多，占比下降了一个百分点；而社会组织和高校基本稳定。从申报方式上来看，单位推荐占申报作品总数的74.2%；个人推荐和他人推荐数占申报作品总数的25.8%。与2016年相比，个人推荐和他人推荐数有所增长。从作品类型来看，摄影类申报数占申报作品总数的57.9%；创意类申报数占申报作品总数的18.4%；其他作品类申报数占申报作品总数的23.7%。

分析第二届和第三届网络正能量图片评选活动申报作品的相关数据可知，网络正能量图片评选活动的地域影响已经基本实现了全国覆盖，但仍然存在地域不平衡，例如，在东北地区的影响力有了一定提高，但在西南地区和西藏的影响力较小，具体省份的差异也非常大。从申报类型来看，机关事业单位一直是主力军，商业网站、企业、社会组织、研究院所的参与率则较低。从申报方式来看，主要是单位申报，个人申报和他人推荐占比较小。由此可以推断，在申报渠道和方式等组织活动机制上仍然存在不少问题，活动开放性不够。从作品类型来看，主要是摄影类作品，创意类不多，说明参与者的创造性不高。而这些问题归根结底可能都与评选活动本身的组织协调和激励机制不完善有关，应该引起有关方面的重视。

2. 评选活动中的社会主义核心价值观

（1）第一届网络正能量图片评选活动

对第一届最后入选的100幅网络正能量图片，以社会主义核心价值观的12个语词作为标准进行分类，发现通过武装部队类、公安类、医护类、教育类、环卫工人等为代表的服务类的展示个人层面的爱国、敬业精神的图片占59%的比例，而自由、平等、公正、法治等主题由于难以由图片直观展示，相关图片则只占5%的比例。通过数据分类整理可以看出，借助图片展现、传播社会主义核心价值观，最典型且有效的做法是通过生活中普通人的事迹由小及大地展示、弘扬社会主义正能量。

（2）第二届网络正能量图片评选活动

①参选作品

第二届网络正能量图片评选活动申报作品共1726幅，其中有效参选作品为1430幅。以作品所侧重展示的社会主义核心价值观的主题为标准，将有效参选作品分为14类。从统计结果来看，申报作品类型中，敬业类图片最多，其中以交警、医生、护士、教师、环卫工人、铁路职工等坚守岗位的主题最为典型，以学习雷锋精神、匠人精神等主题为补充。

其次是富强类和文明类主题的作品，富强类多是以展示我国经济发展、城市乡村建设、G20峰会、科技成果等为主题；文明类则多以展示志愿者活动、网络文化建设、道德模范、孝顺父母、青少年文明建设、环保宣传、提倡文明风俗、发扬传统文化等为主题。

最后是爱国类主题的作品，主要包括红色文化学习、重温长征路、老党员老红军讲解历史、清明祭英烈、武警消防官兵抗洪抢险、国庆主题活动、我与国旗合影等主题。

②初评作品

根据评审结果，共有337幅作品进入初评阶段。进入初评的作品中，敬业、富强、文明这三类主题仍占较大比重，民主、平等、公正由于难以独立展示，即使归类于法治中，也仅占较小的比重。

③入选作品

根据第二届网络正能量图片评选活动最终入选的图片名单，以武装部队类、公安类、医护类、教育类、环卫工人等为代表的服务类的展示个人层面的爱国、敬业精神的图片占最终入选图片总数的59%，而自由、平等、公正、法治等主题由于难以由图片直观展示，相关图片只占了最终入选图片总数的3%。

通过与第一届最终入选的网络正能量图片进行纵向对比，占比最大的两项主题仍然是爱国和敬业，并且占比不变，仍为59%；而自由、平等、公正、法治这四项主题，则由5幅减为3

幅，占比略有降低。

最能通过图片直击人心的，是军队国防、武警官兵、公安干警、英雄烈士等群体的爱国主义情怀；最能展现敬业精神的，依然是环卫工人、铁路职工、医护人员等不论严寒酷暑，节假日无休，始终坚守岗位。

如图4-1、图4-2所示，第二届网络正能量图片评选活动申报的图片主要关注学雷锋、志愿者、党员、爱心、公益等内容。

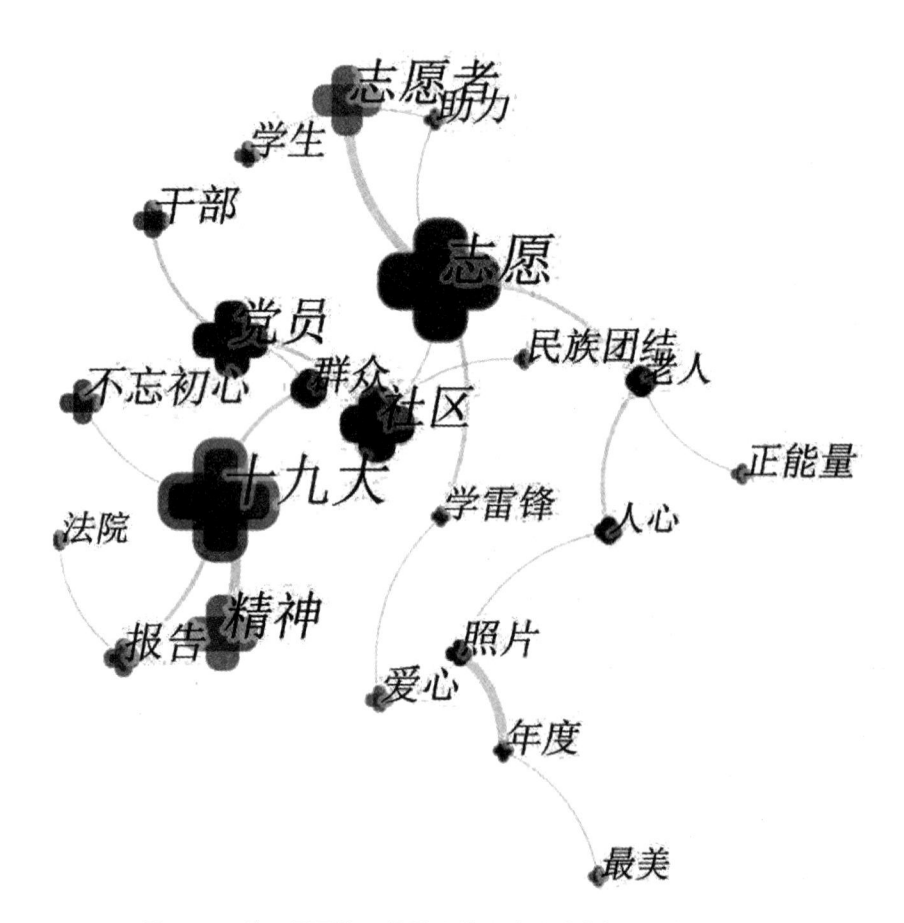

图4-1　第二届网络正能量图片评选活动申报作品标题共词

资料来源：笔者根据中国新闻网提供的数据制作。

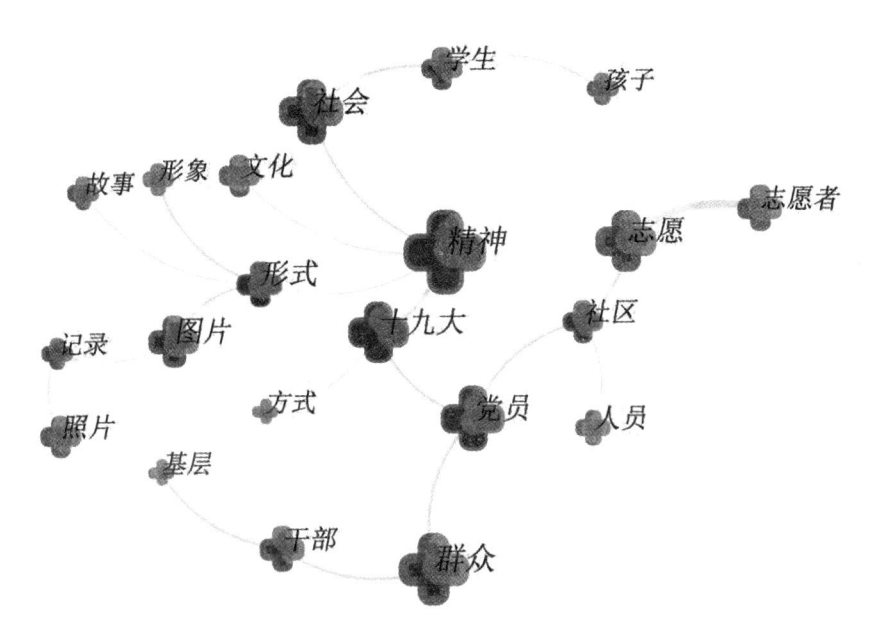

图 4-2　第二届网络正能量图片评选活动申报作品背景共词
资料来源：笔者根据中国新闻网提供的数据制作。

(3) 第三届网络正能量图片评选活动

①参评作品

第三届网络正能量图片评选活动参选作品共 2460 幅，其中有效参选作品共 1835 幅。按照作品所侧重展示的社会主义核心价值观的主题，有效参选作品可分为 13 类。从统计结果来看，参加评选活动的图片类型中，文明类图片最多，尤其以爱心志愿活动、风俗文化推广、共度传统节日、助残活动、结对帮扶活动、安全知识推广、文明交通、禁毒知识宣传、考生正能量等传递中华传统美德类的活动照片最为突出。

其次是爱国类图片，以国庆、建党建军、党的十九大等系列活动、红色教育、缅怀先烈、国家公祭、地方党建、团组织活动、边防战士、武警官兵抗洪抢险等主题展现。

敬业类图片仍占较大的比重。图片拍摄的主角，除公安干警、医护人员、环卫工人、铁路职工、乡村教师等外，又加入了园林工程工作人员、幼儿教师、电力巡查抢修工、农民工、供水公司职工等各行各业的工作人员。他们在各自的岗位上兢兢业业地工作，维持着整个社会的平稳有序发展。

再次则是富强类和谐类主题的图片，富强类主要展示的是我国改革开放以来经济发展成果、农村脱贫致富改造、学习先进工艺、"超级工程"项目、大国外交局面、各式博览会等社会主义新时代风貌；和谐类则主要展示了人与自然和谐相处、军民融合、多民族团结一家亲、全社会参与救助被拐儿童、医患互相理解、领导干部与受灾群众共进退等全社会和谐共处的局面。

展现诚信、民主、平等、公正价值观的图片占比仍然较小。诚信主要体现的是人心中的道义，民主则强调的是人民群众的重要性，平等、公正则多可以归类于法治中，难以独立展现。

②初选作品

根据评审结果，共有1351幅作品进入初评阶段。进入初评的作品中，文明、爱国、敬业这三类主题的图片所占比例，与所有参选图片中这三类主题的图片所占比例基本一致。民主、平等、公正等主题的图片，占比不大，但全部进入初评阶段。

如图4-3、图4-4所示，第三届网络正能量图片评选活动申报图片主要关注党的十九大精神、志愿者、学雷锋、习近平重要讲话、党员、核心价值观等主题。

如图4-5、图4-6所示，民族团结、志愿者、学雷锋、干群关系、核心价值观等，是第二届、第三届网络正能量图片评选活动共同的关注点。党的十九大是第三届网络正能量图片评选活动尤为关注的焦点。

③获奖作品

2018年11月21日，第三届网络正能量图片评选活动结果正式揭晓。经网上征集、初评、网上投票展示和终评等多个环

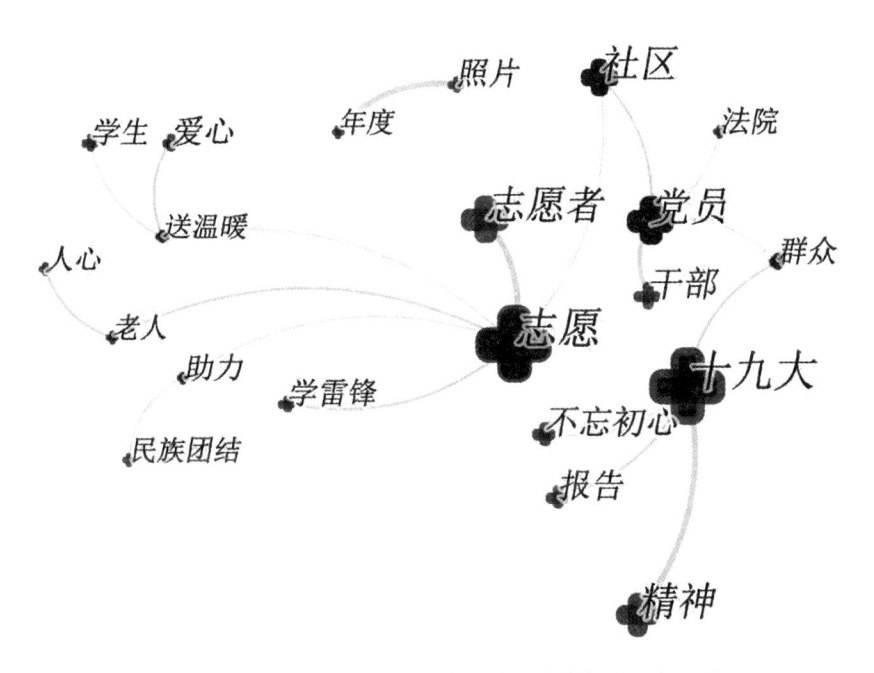

图 4-3　第三届网络正能量图片评选活动申报作品标题共词
资料来源：笔者根据中国新闻网提供的数据制作。

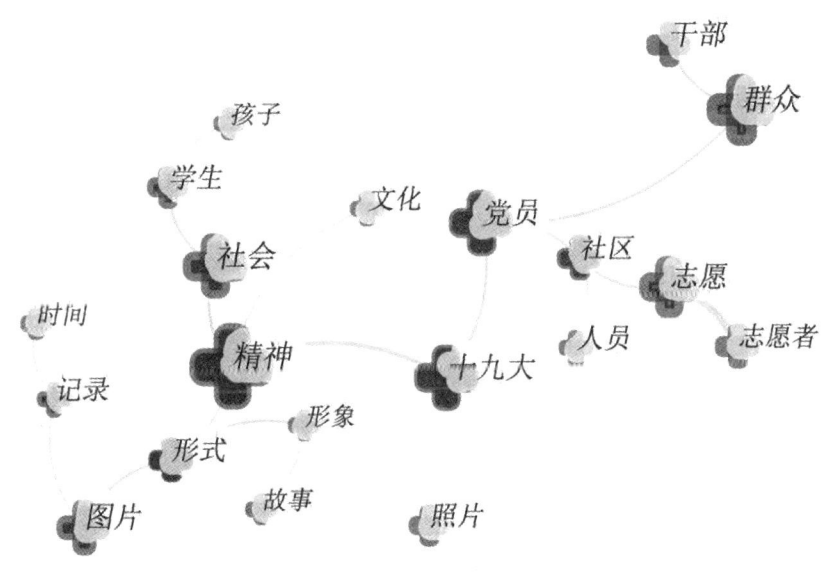

图 4-4　第三届网络正能量图片评选活动申报作品背景共词
资料来源：笔者根据中国新闻网提供的数据制作。

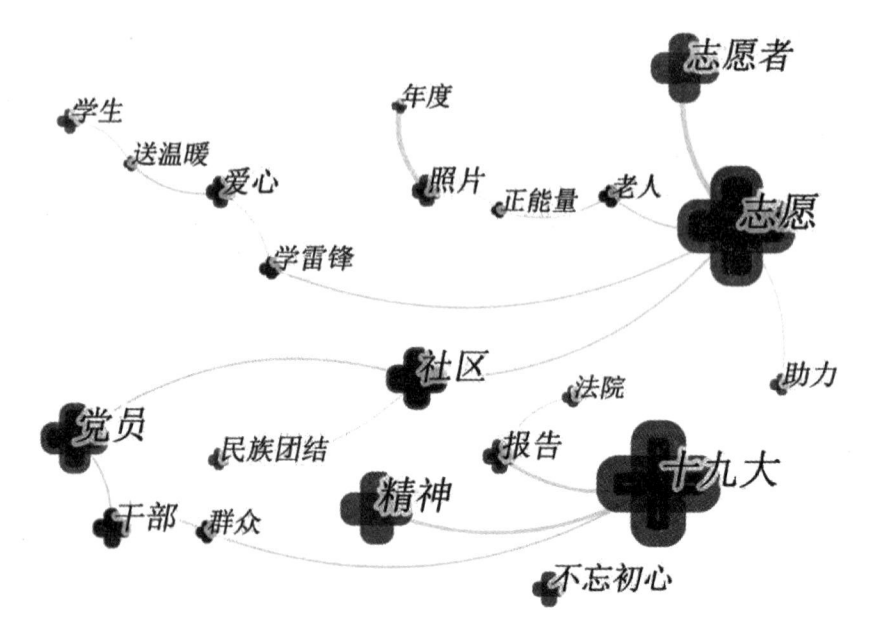

图 4-5　第二届、第三届网络正能量图片评选活动申报作品标题共词
资料来源：笔者根据中国新闻网提供的数据制作。

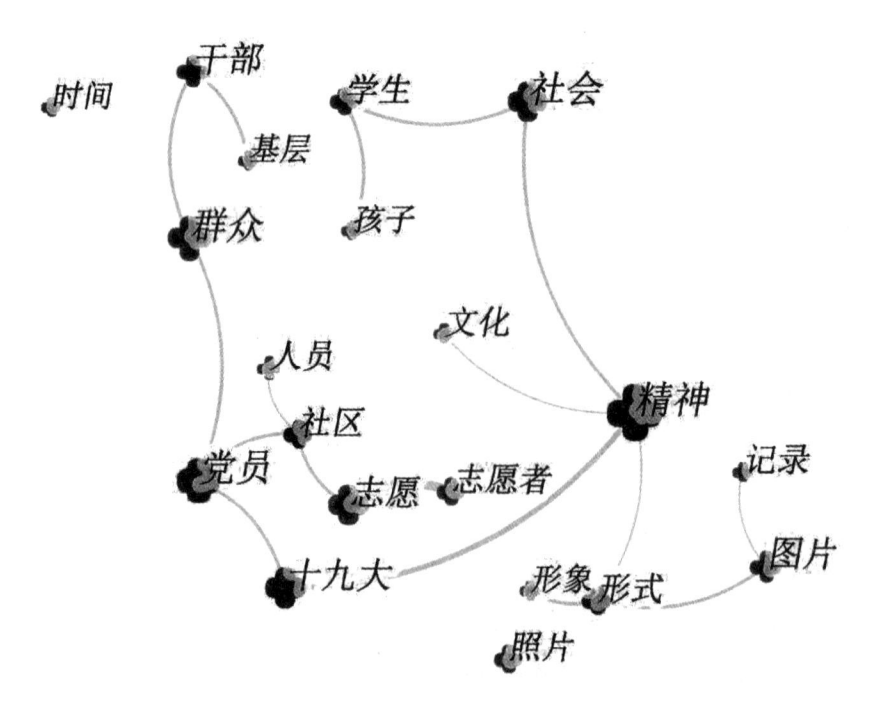

图 4-6　第二届、第三届网络正能量图片评选活动申报作品背景共词
资料来源：笔者根据中国新闻网提供的数据制作。

节，最终评选出 100 幅网络正能量图片，获选名单在人民网、央视网、中国青年网、中国新闻网、环球网专题页面同步公布。获奖作品的主题分布情况见表 4-6。

表 4-6　　第三届网络正能量图片评选活动获奖作品的主题分布　　单位：幅

富强	8	自由	2	爱国	15
民主	0	平等	3	敬业	30
文明	3	公正	0	诚信	0
和谐	6	法治	5	友善	16
综合	12				

资料来源：笔者根据中国新闻网提供的数据整理制作。

第三届网络正能量图片评选活动获奖作品的主题分布显示，讴歌军队、武警、公安、医护、教育、环卫工人等的爱国和敬业精神的作品，占获奖作品总数的 45%，相较往年有小幅度下降（第一届、第二届这一数字均为 59%）。自由、平等、公正、法治等主题的作品占获奖作品总数的比例，与往年相比则有一定的提升（第一届、第二届这一数字分别为 5%、3%），占获奖作品总数的 10%。文明类获奖图片中有"扶老奶奶过马路"这种耳熟能详的主题，但用了新的表现形式和手法，直击"扶与不扶"的社会痛点。自由类获奖图片中的"爷爷考生"五战考研，反映出新时代为不同群体的自由选择和权利实现提供了宽松良好的环境；平等类获奖作品主要集中在对残障人士的关照上，对"大爱"作出了诠释和解读。

仔细品读获奖作品可知，借助图片展现、传播社会主义核心价值观，最典型且有效的做法，仍是通过普通人的视角、展现普通人的事迹、激起普通人的共情，由小及大地展示、弘扬社会主义正能量。

3. 评选标准

中国新闻网从知识产权、格式、完成时间、作品数量、主题、内容、影响等方面，为申报的网络正能量图片设立了"门槛"，从源头上对参选作品质量进行严格把控，也为后面的评选工作节约了资源、提高了效率。以第三届申报作品的要求为例，具体包括：(1) 原创作品，不得抄袭、盗用，不得侵犯他人或机构的知识产权。(2) 可为单幅或组图，包括摄影类图片和创意类图片（形式可为 PS 图片、漫画、GIF 动态图片等）。(3) 参评作品必须为上年度 1 月 1 日至本年度 1 月 31 日创作完成的作品。(4) 每单位申报作品不超过 10 项；他人推荐作品不超过 3 项；每个人限报 1 项作品。申报图片的作品，严禁申报其他四个评选活动，否则将按无效申报处理。(5) 视觉效果突出，立场正确、主题鲜明、内容阳光，传播"正能量"；发表时机恰当，社会反响强烈，在网上发挥关键性的正面引导作用。只有符合申报作品要求、各项信息完整的图片，才能作为参评作品进入下面的评选环节。

针对图片的打分和评选，中国新闻网聚焦"网络""正能量""图片"这三个关键词，设定了明确的、具有导向性的标准。就"网络"而言，既要求作品具有媒体传播的一般特性，即公开性、纪实性、公众性等，也要求作品具备网络传播的特点，即时效性、传播的快捷性、传播方式的互动性等。网络传播使得信息能够在发布第一时间得到响应，通过点赞、评论、转发等方式，一呼百应。同时，网络本身就是网民相互互动的平台，直接为正能量的传播提供了便利。互动性是网络传播相较于传统传播的一大特点，它叠加了网络的广泛性和快捷性，十分有利于"正能量"的传递。[1] 互动性也契合了正能量传播的宗旨，正能量的传播主要是想得到更多人的参与，网民可以

---

[1] 奚汇：《网络"正能量"的内涵及传播途径研究》，硕士学位论文，辽宁工业大学，2015 年。

即时交流互动。① 就"正能量"而言,要求作品能体现正能量功效的向上性、能量途径的广泛性、能量内涵的丰富性;就"图片"而言,要求作品具有较高的艺术性、欣赏性和创新性。

网络正能量图片评选的总分为100分,从五个方面来评出分数,见表4-7。

表4-7　　　　　网络正能量图片评选活动评选标准

作品内容主题	作品传播影响力	作品专业性	作品创新性	作品创作难度
40分	25分	20分	10分	5分

资料来源:笔者根据中国新闻网提供的资料整理制作。

(1) 作品内容主题 (40分):主要包括语言质量、内容真实性、内容逻辑性、内容思想性、内容时效性、内容重要性、标题质量等。作品主题积极向上,弘扬社会主义核心价值观,在年度重大政策、重大主题、重大活动、重大事件、热点问题中发挥网上正能量引导作用。

(2) 作品传播影响力 (25分):作品传播力强,在各类新媒体平台被积极转发,影响广泛。主要包括点击量、跟帖量和转载量等,即在互联网上形成多大程度的舆论优势。

(3) 作品专业性 (20分):摄影作品拍摄时机得当,构图、用光讲究技巧,画面冲击力强;创意图片形式感强,体现作者的专业能力。

(4) 作品创新性 (10分):作品创作思路新颖,展现形式独特,适合网络传播。

(5) 作品创作难度 (5分):作品反映出的作者在创作时所投入的时间精力等。

---

① 奚汇:《网络"正能量"的内涵及传播途径研究》,硕士学位论文,辽宁工业大学,2015年。

其中，第一项"作品内容主题"，是从主题范围上对正能量图片加以限定，要求"积极向上，弘扬社会主义核心价值观""发挥网上正能量引导作用"。

第二项"作品传播力"，是针对图片表现出来的正能量的强度所设立的评选标准，要求入选作品"在互联网上形成舆论优势"。

第三项"作品专业性"，是唯一一项较鲜明地体现了图片区别于其他评选对象（文字作品、动漫音视频作品、榜样、专题活动）等的特点的评选标准，对拍摄时机、构图和用光、画面的冲击力和创新性等提出了较高要求。

第四项"作品创新性"，要求作品"创作思路新颖，展现形式独特"，尤其"适合网络传播"，立足于作品的网络传播性。

第五项"作品创作难度"，是一个客观性较强的标准，体现了对新闻工作者的艰辛和用心程度的认同和尊重。

4. 评选活动的成效和影响

网络正能量图片评选活动推出后，受到广大网民关注与支持，大家纷纷为自己心目中的网络正能量点赞。通过网友们的"指尖"相传，更好地将这些作品中所蕴含的正能量播撒到网络空间，真善美、正能量以及社会主义核心价值观深入人心，互联网也成为传递和弘扬社会主流价值观、推动社会进步的重要平台。中国新闻网对这一活动十分重视，投入了大量人力、精力，从活动筹备到实施、从活动具体内容到宣传推广，工作人员无不认真对待，尽力追求活动达到最佳效果。

活动取得了良好的反响，网友的参与度很高，不仅在最初的征集阶段收到了大量投稿，在投票等阶段也有大量网民的积极参与。许多网民在网站留言，对评选活动给予了积极评价。

5. 评选活动存在的不足

（1）申报作品存在的不足

①投稿作品中存在信息不完整的作品，统计显示有300余幅。主办方通过电话与投稿单位一一联系，发现有些作品是因为申报者错投评选地址，如提交的文字作品错投到图片评选地址而成为"废品"。建议在下届活动中，针对此类作品，后台能开设相应功能，予以删除。还有部分不完整的作品，如申报方因各种原因未填写作品标题和链接等，建议针对此类作品，在系统中设置相应功能，如信息填写不全，禁止提交成功。

②从稿件题材看，创意类作品较少，缺乏GIF动态图、漫画等题材内容。此外，所提交的作品中还存在一些如景色风光类等与正能量题材不符的图片，影响了参评稿件的整体质量。

③申报作品数量较多，每个都需要打分，而且里面存在一些不符合评选要求的作品，如一人投稿多篇，将动漫音视频类、文字类等作品投入到图片的后台，还有的作品质量太差等，给初评工作带来负担。

（2）评选标准存在的不足

网络正能量图片评选活动虽已建立起一定的评价标准，并且逐届做了修改和完善，但仍然存在一些问题。

首先，尚未建立较为科学、完整的评价指标体系，只针对作品筛选建立起简单的流程，制定了较为粗略的打分标准。一个完整的评价指标体系应由评价目标、评价主体、评价对象、评价指标、评价标准以及评价报告等因素构成。随着活动越来越丰富和深入，亟须尽快完善评选流程，制定更加科学、精细的作品评价指标体系。

其次，不管是主办单位，还是各承办网站，对于参与评选活动的组织机构及其工作人员的考核评价标准和激励机制仍不够完善，尚未能起到规范工作规程、提高工作效率、提升评选活动公平性和效果的目的。

再次，也未能引入科学合理的评估方法，对评选活动进行客观的评价、回顾、总结和反思。对前三届评选活动进行全面客观的评估，总结经验、寻找问题，是主办和承办各方就未来的评选活动制定更为完善的方案、计划和措施的重要参考，也是未来评选活动自我更新和进化的重要动力。

最后，活动评价和资源配置不协调。各承办网站未能就活动开展进行深入调研，形成完整的策划和运作体系，对活动内容和目标把握不够，导致网络正能量图片评选活动的评价与资源配置出现一定偏差，活动策划的实施过程略微失衡，没有产生更大更好的效应。而对活动的评估有助于提高活动方案的精确性，根据实际需求调整和配置自身资源，调整运营方向。

(3) 评选机制存在的不足

①组织协调机制不完善

组织协调是活动和项目管理中的一项重要工作，组织协调可使矛盾各方居于统一体中。但网络正能量图片评选活动的承办网站与评审专家、评审专家相互之间缺乏相应的组织协调机制，导致评审意见缺乏统一的采拟标准。

②激励机制不完善

网络正能量图片评选活动的激励机制并不完善，对作品的激励方式太过单一，难以激发参与者的积极性、主动性和创造性。评选活动主办方对承办网站——中国新闻网及其工作人员的激励机制尚未建立，也在一定程度上影响了承办网站及其工作人员的积极性。总体上，与评选活动相关的人财物激励机制尚未有效建立，可以说是掣肘该活动吸引力、管理力和影响力的一个重要因素。

6. 对评选活动的综合评价

网民普遍认为，这次评选活动凝聚了共识，点燃了激情，吹响了清朗网络空间的嘹亮号角，让正能量响彻互联网空间。不少网友难掩内心激动，留言大赞此次活动，称赞作品蕴含的善意让人舒心，思想引发共鸣，让处在都市喧嚣中的人们重拾心中静谧，感受温暖。

由此，可以看出网络正能量图片评选活动经过主办方及参与者等各方面的努力，已经取得了很大的成功，在网络上、生活中引发了关于正能量的热烈讨论以及践行社会主义核心价值观、传播正能量的热潮。但是，就其活动本身而言，作品选评机制的不完善、组织协调机制的匮乏以及激励机制的不成体系都使得活动本身的效率和效果大打折扣。在以后的活动举办和开展过程中，这些问题都应该被重视并加以解决。

（三）推进活动的对策建议

1. 完善作品的评选和展示机制

（1）评选标准规范公开

作品的选评标准要规范化，应对相关标准作进一步量化并予以公开，以提升评分环节的可操作性和评选活动的公信力。必须承认，无论如何细化和量化标准，为数量庞大的参选图片打分，很大程度上仍然依赖评委的主观感受和判断。即便如此，仍必须明确：评委应秉持谨慎负责的态度、公开公正的原则，深入理解社会主义核心价值观，特别注意避免一些有道德绑架、内容虚假、过度煽情、表现形式过于碎片化、泛娱乐化等问题的图片入选。

（2）重视对活动和作品的展示

网络正能量图片评选的最终结果出炉后，由中国新闻网的技术部制作统一公示页面，集中展示获选名单和获奖作品，由其他四家承办网站以链接方式，在各网站首页显要位置予以展示，增加活动的曝光度和影响力。

由中国新闻网制作网络正能量图片评选活动专题，在 PC 端首页要闻区、图片频道、客户端等重要位置，集中展示获奖作品，并延长展示的时间、丰富展示的形式，比如，在首页进行流动展示，官方微博、微信的推送，活动结束后在合适的时间对感召力较高的作品进行二次展示和多次展示，借助多渠道多角度立体传播，以公开促公正。

（3）做好活动开发与推广

活动结束后，中国新闻网要总结活动成果，精选一批网络正能量精品实现再包装，通过稿件形式发布，还可以通过专题页面、中国新闻网"两微一端"等对活动进行推广，积极做好网上宣传引导工作，以提升评选活动的吸引力、感染力、亲和力和影响力。

在推动线上传播的同时，积极探索线下推广模式，深入拓展节目外延，将正能量内容更直接地传递给目标群体。例如，组织获奖人员、获奖单位、图片人物、热心网友等参加线下活动，设置丰富多样的活动主题，包括颁奖会、报告会、座谈会、互动活动等，增进多方交流，在塑造活动品牌的同时延续正能量传播热度，以面对面的方式增强活动正能量对受众的现实影响。[1]

2. 完善组织协调机制

对网络正能量图片评选活动组织协调机制进行完善，首先，要注意中国新闻网内部组织协调机制的完善，做好部门之间、部门工作人员之间、主办方与评审专家之间的组织协调工作，制定相应的组织、协调和冲突解决机制。其次，要重视与网信办、主办方和其他承办网站的报告、沟通、协调工作，制定对

---

[1] 何洁：《当下中国电视娱乐节目正能量传播研究》，硕士学位论文，南京理工大学，2015 年。

外的长期以及临时问题组织协调机制。组织协调机制的建立，应遵循四个原则。一是坚持公正、公平原则，做到以事实为依据，以合同为准绳，实事求是、合理合法。二是坚持调查研究，掌握事件真相，防止主观武断。三是坚持从全局考虑，力求损失最小、效果最好。四是坚持预防为主，做到防患未然，提倡互谅互让。

具体设计如下：

第一，内部组织和责任机制。网络正能量图片评选活动的承办方中国新闻网应针对这一具体活动，明确下级部门对上级部门、下属对领导的定期和临时工作汇报和请示机制，对哪些可以由下级部门或者下属自行解决的事项、哪些是必须向上级部门和领导进行请示的事项作出详细的规定，并建立相应的责任机制，这样有助于上下级之间对活动的进展保持有效的沟通，并且有助于事后绩效考核和奖惩。协调的形式可以是书面汇报、交谈汇报，可以是单独汇报也可以是召开会议。

第二，对外组织协调机制。这涉及中国新闻网与"五个一百"网络正能量精品评选活动的主办方、其他承办方以及中央网信办、评审专家、作品申报部门和申报人之间的关系协调。中国新闻网与其他承办方的组织协调工作主要可以采用会议协调、情况介绍等方式，并可以对由五个主办方共同磋商的事项作出明确规定。与评审专家和申报部门及其申报人之间的协调机制则可以根据往届经验制定具有可操作性的细则或者办法。

3. 完善激励机制

网络正能量图片评选活动中，活动组织者所采用的激励方式主要为颁发获奖证书和作品集等，另外，部分获奖人员可参加央视"点赞中国"落地晚会。另据了解，一些省级或省级以下单位绩效考核与活动挂钩，包括绩效加分、物质奖励等，但并不具有普遍性，也不属于活动的预期激励机制内。

有鉴于此，课题组建议从以下三个方面完善活动激励机制。一是提高奖项级别。奖项级别的高低一方面体现了组织者对于活动的重视程度；另一方面也会直接影响参与者的积极性。今后，建议以中央网信办名义颁发获奖证书，增加证书含金量。二是丰富激励方式，考虑设置物质奖励。目前评选活动采用的是精神奖励的方式，而以精神奖励的形式也仅仅限于颁发获奖证书。从反馈的效果来看，激励效果仍然不足，需要加以改善。因此，有必要丰富激励的形式和内容，注重物质奖励和精神奖励的并用。建议适当设立奖金以及除了颁发获奖证书以外的其他精神激励方式，以实现激励效果的最大化。评选活动在本质上属于意识形态领域的重大宣传教育活动，因此，可由网信办与其他部门协同，或者由更高级别的部门协调，建立更长久的激励体系，例如，获得荣誉的人在个人职业晋升中获得适当优先的考虑，或以此作为未来绩效考核的一个加分因素。三是建立对组织机构及其人员的考评和激励机制。对活动的激励区别于对企业的管理。建议对"五个一百"网络正能量精品评选活动的策划者以及主办单位、协办单位表现突出的，或者在具体工作中有突出贡献的负责人或工作人员给予相称的奖励，如晋升优先、发放奖金和加薪加酬。对于怠于工作的承办单位、负责人或者工作人员给予一定的惩罚，或将有助于提高主办单位以及相关负责人和工作人员的责任心和积极性，激发承办评选活动的主动性和创造力。尤其是对于网络正能量图片评选活动这样一项计划长期举办的活动而言，建立和完善对于参与的组织机构、负责人及工作人员的考评和激励体系更为重要，将有助于活动质量的稳步提升和活动的可持续开展。

（四）总结

2015—2018年，网络正能量图片评选活动已连续举办三届。

评选活动以其鲜明的立场、正确的价值导向、生动活泼的形式，影响力逐年增大，已成为网络正能量的风向标之一，在净化网络空间、营造健康良好的网络环境方面发挥了重要作用，取得了良好的社会效果，得到了各方面的一致赞誉。但客观来看，就评选活动本身而言，其评选标准不明确、活动规则不完善、组织协调机制和激励机制尚未成熟，多种因素掣肘了评选活动的实际效果和影响力。

同时，对于何谓网络"正能量"、如何准确描述网络"正能量"、如何赋予"正能量"图片一个客观的评选标准，各承办新闻网站仍未给出明确答案。课题组另辟蹊径，从作品来源、主题、表现形式等多方面入手，分析了三届评选活动的参评、入围和最终入选的作品。结果表明：中央和地方各级新闻媒体、传媒界权威人士、相关部门、学者和普通民众对"正能量"以及网络"正能量"的理解基本一致，但侧重点、关注点各有不同。

网络正能量图片评选活动的直接目的，就是从数量庞大的参选作品中选出真正体现社会主义核心价值观、真正代表中华优秀传统文化和时代精神、真正贴近群众内心、为群众喜闻乐见的优秀作品。课题组认为，一幅（组）优秀的、正能量的（新闻）图片，具有五个方面的特征。第一，坚守真实性原则，坚守新闻职业道德，深入实际、深入生活、深入人民群众，重视对图片性新闻形象性、瞬间性本质的挖掘和表现，为新闻事件增加视觉冲击。第二，包含丰富的信息和醒目的内容，强烈地吸引阅读者。第三，集合了摄影、美学与社会学、心理学、史学、信息学、传媒学、采访学、编辑学、构图学、语言学、应用技术学等各种知识，能够借助构图或暗喻式的场景，以超越语言的力量吸引读者。第四，可以独立担当各种题材甚至重大题材的报道，也可以和文字一起，共同传递新闻、信息和思想。图文之间默契配合，紧密结合，相得益彰，达到总体信息量的增加。第五，经过了严格把关，把关不仅是形式上的，更是内容上的；不仅是技术处理上的，更是社会伦理道德上的；不仅是信息传递上的，更是舆论宣传和引导上的。必须审视图片是否蕴含满满的正能量，是否符合社会主义核心价值观。

综合评价是深刻理解和客观认识被评事件的重要手段。科学界定网络"正能量"和"正能量图片"的标准，是推进评选活动的重要环节。除此以外，还须对评选活动现状进行全面了解和把握，以寻找现有机制的漏洞，有针对性地进行解决。

在全面总结和评价网络正能量图片评选活动的基础上，课题组对如何进一步推进图片评选活动、全面提升活动效果提出了一些对策建议。首先，遵循下列原则，完善网络正能量图片的评选标准和体系：紧紧围绕社会主义核心价值体系、融合中华优秀传统文化和当代先进文化；吸纳外域优秀文化资源、重视广大网民的网络意趣；体现思想性、艺术性、观赏性的有机统一。其次，完善作品的评选、展示和推广机制。再次，完善组织协调机制，做好与活动指导部门、主办方、其他承办方、评审专家的协调工作，制定对外的长期和临时问题组织协调机制；做好内部各部门之间、工作人员之间的组织协调工作，制定相应的组织、协调和冲突解决机制。最后，完善评选活动的激励机制，包括提高奖项级别、丰富激励方式、建立对组织机构及其人员的考评和激励机制等。

五 "五个一百"之网络正能量动漫音视频作品评选活动综合评价分析

（一）活动概述

网络视频是网民最为喜欢的内容形式之一，尤其随着近些年网络带宽的发展以及网络资费的降低，网络视频的用户体验越来越好，网络视频已经成为网上内容传播的最为重要的组成部分。相较于文字形式的传播，视频具有直观生动、信息量丰富、文化门槛低等传播优势，具有吸引更多受众的潜力。因此，网络正能量传播中视频形式已经变得非常重要，而且影响力越来越大。

由国家互联网信息办公室指导、中国互联网发展基金会组织中央重点新闻网站及主要商业网站开展"五个一百"网络正能量精品评选活动中的一个分支即为"五个一百"之网络正能量动漫音视频作品评选活动（以下简称网络正能量动漫音视频评选活动）。

网络正能量动漫音视频评选活动的征集、评选等主要由央视网承担组织和协调工作，大量的事务性工作也自然是央视网组织力量完成。截至发稿，央视网已经完成了2015—2019年的四届网络正能量动漫音视频评选活动的评选，本部分的数据和访谈、实地走访以及各种资料的提供，仅是前三届活动情况的总结和分析。

央视网（www.cctv.com）是中国网络电视台旗下互联网站业务，是拥有全牌照业务资质的中央重点新闻网站。以视频传播为主要特色，并融入了移动端、云平台等先进技术，以新闻为龙头，以视频为重点，以特色产品和独家观点为核心，面向全球、多语种的大型综合网站平台。央视网可以视为中央电视台电视内容资源的重要整合和发布平台之一。

在重大事件传播、主题报道、重要时政新闻报道、主线报道方面，央视网依托"有大事，看央视"，在网络视频的时政要闻、重大报道、主题报道等方面发挥着网络新媒体多平台、多渠道与电视同频共振的重要作用。因此，央视网承担网络正能量动漫音视频评选活动的征集、评选等活动，具有先天的优势和独特的资源，也是正能量动漫音视频作品评选的最为合适的组织者。央视网非常重视此活动，专门成立了网站副总编辑挂帅的工作小组，并且调动央视各种资源，成立专家评审和评阅小组，将前三届的工作开展得有声有色。

网络正能量动漫音视频作品的评审相较于其他组别具有一定的特殊性，主要体现在以下三个方面。

第一，动漫音视频如果细分的话，其实是三类作品，即动漫（动画漫画）、音频、视频。但是考虑到工作量的巨大，在实际执行的过程中，是按照动漫音视频一类作品进行的。

第二，作品的实际审阅工作量巨大。相较于"五个一百"中的其他四类，动漫音视频的内容信息量非常庞大。而且相较于可以通过关键词识别、语义分析等软件更容易自动审读的文本作品而言，动漫音视频主要由连续性画面组成，可以通过机器识别等进行的技术操作非常有限，主要需要人工全部的审听、审阅和评议。加之，动漫音视频作品评选中画面的表达和传播力本来就是评价指标之一，因此人工审听、审阅工作量巨大、强度高成为动漫音视频作品评审的基本要求。

第三，作品的技术含量。相较于"五个一百"中的其他四类，动漫音视频作品的技术含量要更高一些。从画面、声音、镜头、合成到动画制作等都需要一定的甚至是多方面的动漫和音视频制作技术，而这些技术水准也成为作品评价的一个指标。这对于评审人、审看人都提出了较高的要求。

（二）评选活动执行情况

1. 评审过程

央视网由副总编辑挂帅，成立了专门的工作组。在工作组下，成立网络正能量动漫音视频作品的评选专家组，负责对报送作品进行审阅和评价打分。一般每年的评选，主要通过以下的程序完成：作品征集——初筛选——专家初步评审——作品公示——专家组终审——报中央网信办确定——社会公开公布/发证书——后期传播。具体如下：

第一步：发通知、做动员。评审活动开始前，央视网通过网站公开发通知、中央网信办下发通知到各级网信办、其他新闻网站和政府机构网站等，线上线下、多平台、多渠道进行申报通知和动员。

第二步：报送信息汇总阶段。第一届至第三届报送阶段，由5个不同的网站（5家负责"五个一百"工程的央媒网站）分别接收自己部分的作品提交和登记，五家网站各自负责作品数据库的管理、登记等数据记录工作。第四届建成了统一的报送系统，5个不同类别的内容通过中国青年网建立的报送平台统一在线报送。

第三步：作品筛选。此过程一般由央视网内部的工作组人员完成（据央视网访谈介绍，因为报名作品非常多，这个阶段他们一般会招聘实习生来辅助完成工作）。按照申报要求，对申报材料进行整理，将明显不合格的内容或作品直接筛除。

第四步：专家审阅。经过初筛的作品，送专家组审阅、评分。央视网访谈介绍说，每年大约有上千幅作品，分别送给30位左右的评审专家。一般要求各位专家一个星期返回作品的评审和评分。

第五步：初步排名，选出得分排名前150的作品。根据各位专家返回的审阅结果，进行作品的评分排名，动漫音视频下又分成不同的四个子分类进行分类单独排名，选出得分排名前150的作品，然后进行网络公示。公示期间由公众投票再评分。

第六步：专家组终评。公示和公众投票结束后，邀请10位左右的专家（从原30人专家组内产生）集中评审。以挑问题为主，如果哪位专家发现问题，马上提出，大家现场讨论，现场集体决定是否拿下，如果大家意见一致，就现场拿下。最后评出110幅作品。

第七步：百幅作品产生。据央视网调研的同志介绍，专家组评出来的110幅作品提交给中央网信办，由中央网信办最后确定评出100幅作品。

第八步：后期工作。中央网信办确定后的100幅作品，返回央视网工作组，央视网进行网上的再传播和推广。央视网给获奖的作者颁发获奖证书，一般是电话通知作者/机构获奖，然后把获奖证书寄过去。除了证书，没有奖金、奖品等物质性的奖励。后期除了网站上（央视网）的展示外，其他的传播途径也较少。

2. 评价标准

通过访谈了解到，评价标准的制定也是负责执行的央视网最重视和最下功夫的。央视网从第一次评审开始，在评价标准方面进行了大量的讨论和研究，最后形成了网络正能量动漫视频作品的评价标准，即内容质量、技术含量、传播影响力、作品的创新性和作者的主动性。第一届至第三届评审都以此标准为考量，也要求各位专家依据这个评审标准进行评阅和打分。根据执行的经验和实际，每年评审的实际操作层面，还对于评审标准的细节以及进一步细化的标准等进行适当的调整和补充。

动漫音视频这个类别的子项里头，实际包含的作品差异比较大，因此，央视网又制定了更为细致的分类。第一届至第三届这一类别下面主要分为：动漫类、微视频类、音乐类、其他类（动画片、公益广告）四个子项类。并在报送申请时就规定：同一家单位每个子项类只能报1部作品，一个单位最多上报4部作品。

网络正能量动漫音视频评选活动的评价标准，主要从以下五个方面进行评定。

一是内容质量。推荐作品要求选题贴近2017年度重大政策、重大主题、重大活动、重大事件、热点问题和突发事件等，画面清晰，音质良好，表达内容通俗易懂，积极向上。

二是技术含量。注重作品的拍摄技巧和制作技能，如在拍摄中运用航拍、摇臂等最新拍摄手段或制作中运用CG技术（Computer Graphics，计算机绘图）、3D等最新技术，在评选中将优先考虑。

三是传播影响力。作品要求除最初发布网站外，至少有2家或2家以上官方媒体转发，或有10个或10个以上自媒体转发。

四是作品的创新性。作品展现主观能动性和想象力，提倡新观点、新形式等差异化模式，作品观点或表现形式若为首创，新颖可塑，在评选中将优先考虑。

五是作者的主动性。推荐作品提倡自发、自觉的主动性，即当出现重大新闻热点事件、重大舆论焦点时，作者积极、自觉、主动激发灵感，为弘扬和传播网络正能量所创作的优秀视听作品，在评选中将优先考虑。

3. 关于申报作品的具体要求

为了更好地指导和规范作品申报，也避免初步筛选环节的巨大工作量，央视网根据活动的宗旨和意义以及我国网络动漫音视频作品生产和传播的现实情况，对于申报作品制定了较为详细的要求和说明，具体包括以下六个方面。

第一，申报作品须由网民自发原创，不得抄袭、盗用他人作品，不得侵犯他人或机构知识产权。

第二，申报作品须立场正确、反应及时、影响较大、引导效果较好，主题突出、内容积极、画质清晰。

第三，申报作品须发表时机恰当，尤其侧重于重大政策、重大主题、重大活动、重大事件、热点问题和突发事件中在网上形成关键性正面引导作用的原创视听作品。

第四，申报作品分为动漫类、音乐类、微视频类和其他四大类（四个子项类），每个单位或个人每大类（子项类）限报1个，可多分类报送。他人推荐，单个项目不能超过3个作品，所有推荐的作品不能重复。

第五，所有申报作品需统一命名，一律用"【项目分类】作品标题（作品日期）——推荐人或推荐单位"格式，如：【动漫类】跟着习大大走之英国篇（20160105）张三。

第六，申报作品文件格式可为 MPG、MPEG、AVI、MP4、3GP、RM、MOV、FLV 等，要求画质清晰，单个视频大小限制在 1G 以内。

（三）申报作品数据分析

习近平总书记强调，"我们要本着对社会负责、对人民负责的态度，依法加强网络空间治理，加强网络内容建设，做强网上正面宣传，培育积极健康、向上向善的网络文化，用社会主义核心价值观和人类优秀文明成果滋养人心、滋养社会，做到正能量充沛、主旋律高昂，为广大网民特别是青少年营造一个风清气正的网络空间"[①]。推动正能量的作品在网络上传播，是脱胎于传统媒体的新闻网站的必要和应有之责，而网络内容的生产和传播的参与主体非常广泛，商业传播平台和网站的影响力和传播力无须赘言，广大网民也参与其中，贡献颇多。因此，"网上正能量传播"是一个平台和企业应有的基本责任和道德，也是一个社会应有的精神面貌和道德标准。

网络正能量动漫音视频评选活动的评选和推出，为正能量传播和正能量内容树立了标杆和模范。通过持续的全年的优秀作品评选活动对网上动漫音视频作品的生产者起到了一定的号召作用。

为了更进一步探索正能量动漫视频作品的情况，课题组对第一届至第三届申报作品进行了细致的作品内容、类型分布的数据分析，而且根据作品提交时的"作品标题""作品简介""社会效果"进行了关键词的分析。主要有以下发现：一是"正能量"的主题以重大时政宣传任务为主；二是申报作品的内容和主题较为集中和统一，以民警、法官类居多。

从第一届至第三届网络正能量动漫音视频评选活动的申报情况来看，自第二届起申报的总数大幅度增加，达到第一届申报总数的2.5倍以上。第二届、第三届的申报总量均为1300幅左右。按分类来看，每届申报的作品中以微视频类的最多，远高于动漫类、音乐类和其他类。而且相比于第一届，第二届、第三届微视频类的总量增加幅度更大，约为900幅，占比约70%，而其他三类的占比还不足30%。可见，微视频已经成为网络音视

---

① 人民网—中国共产党新闻网：《七个关键词，带你读懂习近平的中国特色"治网之道"》，http：//cpc.people.com.cn/n1/2019/0419/c164113-31038208-3.html。

频传播的最为主要的形式，也是网民最为喜闻乐见的方式。

就以上申报的作品通过筛选"作品标题""作品简介""社会效果"三个字段进行主题词频分析，通过词云图的方式，发现申报作品的一些特点和规律如下。

1. "正能量"的主题以重大时政宣传任务为主

比较第一届至第三届申报作品的"作品标题"字段的词云图（如图 5-1 至图 5-3 所示），可以看出三届网络正能量动漫音视频申报作品主要内容较为集中，以宣传片、公益片、"最美"主题以及年度重大时政主题为主，尤其是以宣传片和公益片为主。"最美""两学一做""中国梦""不忘初心"等都是主题宣传的重头戏和规定动作。因此，整体来看，大部分的申报作品以宣传任务型的精心制作和策划为主，都是主流媒体规定动作下的产物，而来自民间的创作、贴近民生的作品则相对较少。这可能与申报作品的机构或者个人对于"正能量"的理解有

图 5-1　第一届申报"作品标题"字段词云图

资料来源：笔者根据申报作品标题制作。

图 5-2　第二届申报"作品标题"字段词云图

资料来源：笔者根据申报作品标题制作。

图 5-3　第三届申报"作品标题"字段词云图

资料来源：笔者根据申报作品标题制作。

直接的关系，或者是与关于"正能量"作品征集通知中的措辞有关。以此来看,"正能量"在实际的运作过程中多被理解为主题宣传、公益宣传以及重大政治主题的传播。

就第一届申报作品的分类词云图来看(如图5-4至图5-7

图5-4 微视频类"作品标题"词云图(第一届申报作品)
资料来源:笔者根据申报作品标题制作。

图5-5 动漫类"作品标题"词云图(第一届申报作品)
资料来源:笔者根据申报作品标题制作。

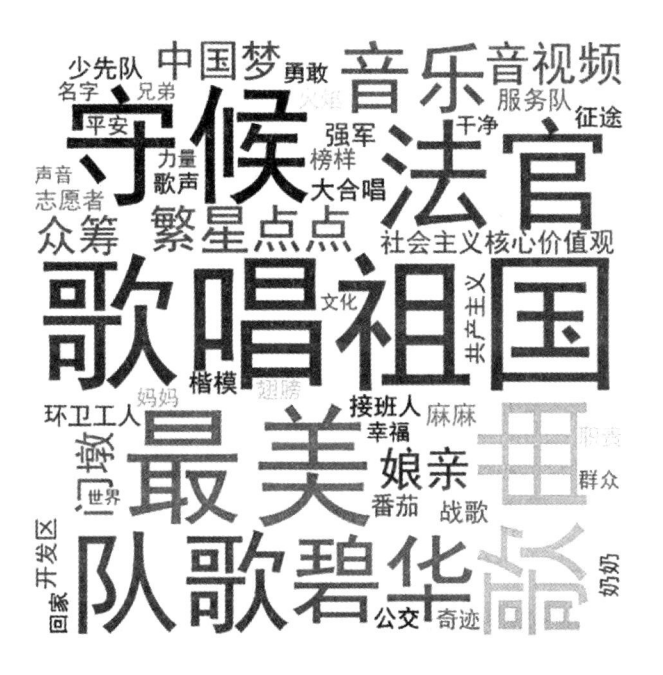

图 5-6　音乐类"作品标题"词云图（第一届申报作品）
资料来源：笔者根据申报作品标题制作。

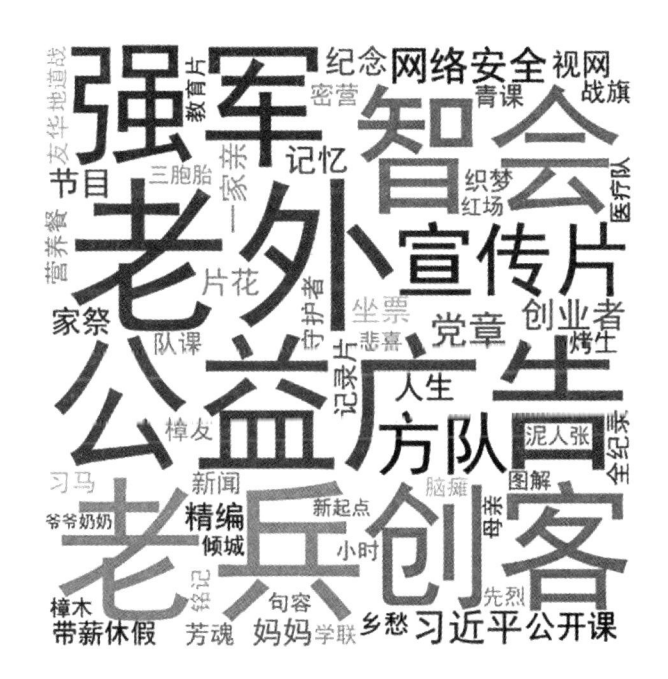

图 5-7　其他类"作品标题"词云图（第一届申报作品）
资料来源：笔者根据申报作品标题制作。

所示），微视频、动漫、音乐、其他四类作品的主题词虽然各有差异，但是整体上来看，与第一至第三届的主题词的分析呈现出较为一致的特点，即作品的主题集中于主题宣传片，重大时政主题几乎是"正能量"的代言词。

相较于第一届，第二届的分类主题则更为丰富一些，也更加亲民一些（如图5-8至图5-11所示）。"春运""自闭症""家暴""百姓""回家""乘务员""警察"等都很显眼地出现在作品标题词云图里，较之第一届的主题词明显更加丰富多彩，更加贴近民生。

而第三届则没有任何突破，除了"宣传片""两学一做""不忘初心""公益"等持续的主题外，就是"春节"回家主题下的旧事重提，一方面回到了2015年的政治宣传；另一方面就2016年春运这一熟悉主题的延续（如图5-12至图5-15所示）。

图5-8 微视频类"作品标题"词云图（第二届申报作品）

资料来源：笔者根据申报作品标题制作。

图 5-9　动漫类"作品标题"词云图（第二届申报作品）
资料来源：笔者根据申报作品标题制作。

图 5-10　音乐类"作品标题"词云图（第二届申报作品）
资料来源：笔者根据申报作品标题制作。

图 5-11　其他类"作品标题"词云图（第二届申报作品）
资料来源：笔者根据申报作品标题制作。

图 5-12　微视频类"作品标题"词云图（第三届申报作品）
资料来源：笔者根据申报作品标题制作。

图 5-13 动漫类"作品标题"词云图（第三届申报作品）
资料来源：笔者根据申报作品标题制作。

图 5-14 音乐类"作品标题"词云图（第三届申报作品）
资料来源：笔者根据申报作品标题制作。

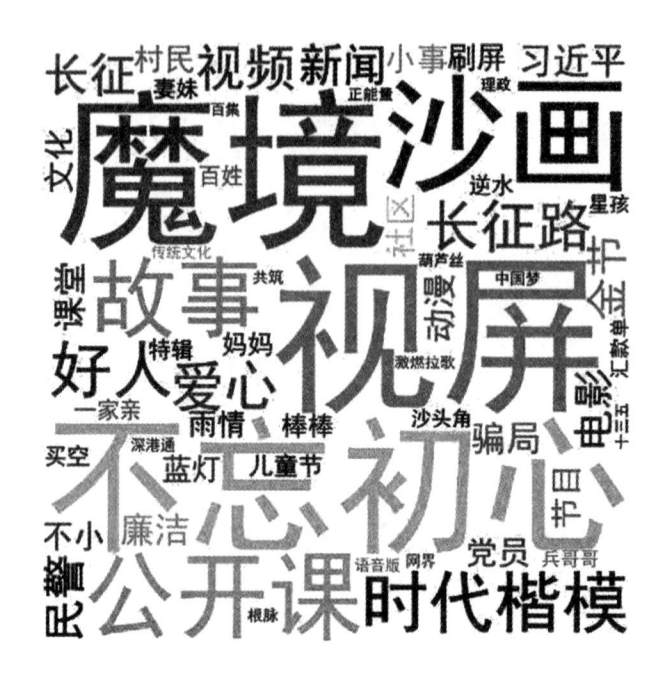

图 5-15　其他类"作品标题"词云图（第三届申报作品）

资料来源：笔者根据申报作品标题制作。

2. 第一届申报作品的内容和主题较为单一

根据现有的数据，对第一届的作品进行进一步的分析和挖掘，也以此作为正能量作品主题挖掘的一个案例。但是，在访谈中，央视网工作团队也一再强调 2015 年是第一次开展评选活动，宣传和运营，尤其是征集作品的难度较大。

第一届一共才征集到 515 幅作品，也就是说，从这 500 幅作品里选出 100 幅，1∶5 的比例，对于评奖或者评选来说，就相当的有限制性。因此，基于第一届申报作品是自我申报所做的"内容简介""社会效果"字段的分析，只能仅仅是一种参考和倾向性的尝试。

第一届大部分申报作品关于"作品简介"和"社会效果"的描述较为主观，也很简单。少的仅仅有一句话，多的也只有百字出头。在社会效果的介绍中，很多出现"该片获得了广大人民群众的喜爱，产生了巨大的影响力""在优酷视频播放量截止到目前2065次"简单的介绍。

从第一届申报作品的自我简介（内容自述）的词云图分析来看，民警、法官是较为集中的内容主题，其次是与习近平相关内容。而其他类的则相对较少。可见作品申报上就存在一定程度的单一性。如果对比申报作品时申请者自己写的作品的"社会效果"介绍文字的主题词聚类分析来看，电视台、客户端、微博、网站、媒体等成为所有的作品最为重要的传播的平台和渠道。具体来看的话，优酷更多地被提及，可见音视频的传播对于固定平台的依赖性比较强。

在"社会效果"的介绍中大部分会提到点击量，但是很多点击量的统计和报告的表述也是极其含糊的，如点击量逾千万、数百万等，而且这些点击量是无法通过第三方数据进行验证的。因此，所有的申报作品虽然有"作品简介"和"社会效果"两个字段的申请者自我描述，但是其可参考的价值和意义并不大，尤其是对于视频动漫内容来说，文字简单描述的东西可供参考的价值极其有限。

3. 第一届终审结果词云图分析：民警、法官类居多

从第一届终审作品来看，微视频类和动漫类的作品以民警、法官的为主，其他内容也有涉及，但是相对于这两类较少。而其他类的作品则内容稍微丰富一些，但也仅限于阅兵式、老兵等。从传播的渠道来看网站、客户端、电视是主要的，而具体的平台只有优酷在词频分析中有所体现。

（四）不足与建议

1. 承办单位关于评审工作的反思

通过对网络正能量动漫音视频评选活动承办单位多位同志

的座谈和访谈，凸显了评审工作中存在缺少常设评审专家、活动经费有限等问题，值得进一步反思和改进。在评审专家配置方面，评审组反映缺少常设专家评审组，评审组在兼顾日常工作的同时还要投入大量时间和精力参与评选，压力很大。在活动经费方面，由于活动经费有限，所以主要依托评审专家的自我奉献以及承办单位的人脉资源来弥补经费的不足。在评选进度方面，评选周期较长，评选发布比较滞后，影响了作品的时效性。在评选细节方面，还需要从技术上杜绝刷票行为，维护评选过程的公平公正。

2. 整体活动的反思

当前，我国网络动漫音视频传播的整体生态是我们谈论网络动漫音视频正能量传播的更大和更宏观的背景。习近平总书记所指示的清朗的网络空间，是针对整个网络传播环境和传播生态而言的。以新闻作品为主要评选的正能量百部作品评选活动，可能更是新闻网站的优势和强项，然而"新闻"是一个宽泛的定义和概念，在当前新媒体传播环境下，公民新闻在某种程度已经成为一种现实。因此，主要集中于新闻网站和政府网站参与申报的网络正能量动漫音视频评选活动可能难以覆盖和反映我国网络动漫音视频传播的很多重要平台，自然也会遗漏一些重要内容。

就前三届网络正能量动漫音视频评选活动的申报和参评来看，大部分参与活动的单位都集中于传统媒体体制下的网站及新媒体机构。而专业的商业化音视频网站，如优酷、爱奇艺、腾讯视频、B站等，以及以网民自发内容为主的视频平台，如抖音、快手、火山等，这些网络动漫音视频内容生产和传播的最为重要的平台和渠道，基本上没有参与。

面对当前的传播态势以及网络传播的生态，对于中央重点新闻网站在其中的力量以及其传播网络正能量的力量，需要有清醒的评估和认知。"网络传播的供给侧结构性改革"是一些重点新闻网站发自肺腑的感触和感悟，网络正能量传播能在供给侧实现改革和变革，已经是网络正能量传播的核心要义。而在这当中，中央重点新闻网站与商业网站的角色和定位如何？是政府赋予，或者是用户选择？

回顾我国互联网视频领域的发展，互联网平台和网民自生产内容（UGC）的传播，给互联网音视频领域带来了剧烈的变化，而这些也导致了互联网音视频传播生态和内容的复杂性，因此，这个领域政府管理的复杂性也超越了文字图片新闻。

其实，早在1998年政府就开始鼓励和扶持传统广播电台和电视台发展互联网音视频传播业务，并制定相关政策对广电行业的网站进行保护[①]。然而，真正的互联网音视频内容传播的出现，却是2002年年底，以门户网站为代表的商业网站开始创办访谈类音视频节目。随着宽带网络的迅速发展和普及，2003—2004年，各商业网站纷纷进入互联网音视频传播领域。2006年以后，一批专业视频网站诞生，网络视频传播市场形态丰富、内容多样，还出现了很多原创网络电影、网络剧。2009年进入移动互联网时代，网络视频的内容极大丰富，网络视频的用户量也大增。商业音视频网站购买和引进了大量的海外电视剧、电影等。另外，通过网民上传的方式，商业视频网站汇聚了大量的网民自拍、自创内容。

传统电视台的网络视频传播也在持续发展，通过媒体转型改革和新媒体的发展，传统电视台、电影机构等把大量的视频投放到网上。重点新闻网站也都搭载了网络视频传播的渠道和内容，可以随时将电视、广播、电影以及新闻制作过程中的各种内容，放到网上。2016年开始成长的一大批直播和短视频新

---

① 杨斌艳：《我国互联网音视频传播的发展及其规制变迁》，《新闻与传播研究》2012年第5期。

平台，以网民自拍和网络直播的聚合和推荐为主，平台、软件与客户端 APP、各种公众号、微信群、QQ 群等嵌套在一起，各种传播渠道被打通，内容的生产、分发、发散和传播扩散变得更为多渠道。

网络视频领域的变化异常迅速，新的技术和应用层出不穷，随着网络带宽的发展，视频已经成为网络传播最为重要的内容，深受广大网民的喜爱。互联网视频公司和平台在与传统广电媒体抢夺互联网市场和新用户的激烈竞争下，都铆足了劲地往前冲，更是加快了这个领域的创新和应用的不断推陈出新。而行业的快速迅猛发展和急剧变革，给政府的规制和管理带来了极大的挑战和压力，各种管理规定和办法往往滞后于行业的发展。网络视频的低俗媚俗，甚至是色情、暴力等违法现象层出不穷。

在这种大背景下，我们能更好地理解为何由央视网主导网络正能量动漫音视频评选活动。2005 年，中央人民广播电台、中央电视台、国际广播电视台都建立了各自的音视频网站，也成为中央重点新闻网站。这是中国网络音视频传播领域的一大举措，也一改以往商业网站独霸网络音视频领域的局面。从重大主题传播的监测数据来看，央视网在重点新闻网站影响力的排名中一直处于前三，因此，由央视网主导网络正能量动漫音视频评选活动当之无愧。

但如果考虑网络动漫音视频传播的生态，以及在"大新闻"的概念下，未来的网络正能量动漫音视频评选活动，是否需要吸纳商业网站来积极参与申报；是否需要将动漫音视频拆分成至少动漫和音视频两个类别；是否需要将"正能量"的定义进行更多内容层面的拓展；等等；都是可以斟酌和考虑的。

另外，入选的网络正能量动漫音视频作品的后期传播和推广，现在主要是依托各获奖方。是否加大对获奖作品后期传播和推广的统一组织和规划也需要考虑。同时，新闻作品时效性与评奖活动必需时间周期的更好的协调，也是需要改进和提升的。

如果网络正能量动漫音视频评选活动的主要目的在于对传统媒体的网站和新媒体以及政府网站和新媒体建设的主动性的激发和奖励，那么则需要从这些网站和新媒体的运营和长远发展、传播影响力等方面来进行更全面和更深度的评估。

构建和谐有序的网络文明体系，传播和弘扬正能量，营造更加清朗的网络空间，作为网络动漫音视频传播和生产主体的新闻网站的贡献可圈可点；然而，作为网络正能量传播以及网络内容向好向上的根本源泉和原动力，新闻网站任重而道远。"五个一百"网络正能量精品评选活动，是网络正能量的一次广泛传播、全面扩散和极度汇聚。

六 "五个一百"之网络正能量专题活动评选活动综合评价分析

（一）活动基本情况

1. 活动简介

"五个一百"之网络正能量专题活动评选活动（以下简称网络正能量专题活动评选），是在国家互联网信息办公室的指导下，由中国互联网发展基金会主办、中国新闻网承办。活动主要从重大政策、重大主题、重大活动、重大事件、热点问题和突发事件中评选出的网络能量专题，以此来培育和弘扬社会主义核心价值观，凝聚和壮大网络正能量，营造清朗的网络空间。

活动从上一年的下半年持续到次年的下半年。以第三届网络正能量专题活动评选为例，2017年10月至2018年1月为评选活动的准备期。2018年2月7日，第三届网络正能量专题活动评选在北京正式启动，网友即可登陆平台进行申报参评；5月4日，申报截止；5月5—25日，专家对进入初评作品进行评审；7月13日起，进入网上展示投票阶段，接下来历经活动终审、榜单揭晓等阶段；10月初，进行证书发放等评选活动的后续工作。

2. 评选活动总体情况统计分析

以相关部门后台提供的数据为基础，课题组根据研究的需要对三届网络正能量专题活动评选的事实性数据进行了整理与统计分析。由于第一届的数据信息不完善、不规范，分析主要基于第二届、第三届的数据。加之，三届的数据信息较为分散、不规范及统计口径不一，且某些数据量较少，不支持相应的统计分析，因此，课题组也对一些数据进行了描述性分析。

（1）申报作品情况

三年来，随着中央网信办积极有力地组织和中国青年网积极地推广宣传，网络正能量专题活动评选已经产生了一定的社会影响。三届专题活动作品的申报总量分别为1324件、1608件、2263件，专题活动作品的申报总量呈逐年递增之势。

（2）申报地域分布情况

第二届和第三届的申报覆盖了我国32个省级行政区域，包括23个省、4个直辖市、5个自治区。但申报地区分布差异大，其中北京、浙江、山东、辽宁、河南、广东等的申报数较多，海南、吉林、宁夏的申报数偏少。

（3）申报单位情况

第一届网络正能量专题活动评选没有单位相关数据，无法进行统计分析。

第二届、第三届网络正能量专题活动评选的申报以新闻单位为主；申报单位来源广泛，包括中央和地方各家新闻网站、网信部门、高校、宣传部门、政府工作部门等；其中，人民网、河南省网信办、共青团中央、《江西日报》、中国警察网等单位申报比较积极。

（4）推荐类型情况

由于三届数据信息中都没有推荐类型字段，无法进行统计分析，但从调研可以得知：一是专题活动包括单位推荐和个人自荐两种类型；二是专题活动的申报基本上来源于单位推荐，个人自荐的数量极少。

(5) 作品类型情况

第三届作品类型没有统计，因此仅对第一届、第二届作品类型数据情况进行分析。第一，第一届、第二届的作品类型包括重大事件、突发事件、热点话题、公益活动、正能量网络典型人物、其他六大类型；第二，在申报的作品类型中，重大事件和热点话题占绝对多数，突发事件、公益活动、正能量网络典型人物偏少。

(6) 作品互动情况

作品的互动情况是专题作品评选的一项标准，也是衡量作品影响力的有效标准。但是由于每个专题作品上报的互动数据统计口径情况不一，如有的偏重参与人数、阅读量等，有的偏重点赞、恢复等，因此，无法进行量化分析，只能进行描述性分析。以第三届网络正能量专题活动评选为例，作品的互动情况，包括阅读量、讨论量、浏览量、转发量、点赞量、留言量、点击量、播放量、分享量、收藏量、推送情况、跟帖量、来信量、直播的在线人数、关注量、测试量、投票量、点播量、刷屏量等。例如，人民网的#温暖中国#话题传递新时代正能量话题，该话题阅读数量为11.3亿人次，网友讨论量为22.5万人次，网友们纷纷为微博点赞，在评论中积极互动。又如，中国青年网的作品微博话题#中国人的故事#，阅读量超4亿人次，作品集《中国人的故事》入选国家新闻出版广电总局"2017年主题出版重点出版物"。

(7) 作品传播媒介数据情况

作品传播媒体数据情况反映了专题适用的传播手段，对传播的影响力具有重要影响。但是由于每个专题作品的传播介并不一致，数据过于分散，无法统计分析。以第三届网络正能量专题活动评选为例，作品的传播媒介包括电视、纸媒、网站、微博、微信、今日头条、QQ、腾讯视频、优酷视频等。例如，人民网推出的专题"习近平系列重要讲话数据库"，数据库一经上线，迅速在互联网上广泛传播，各大新闻网站和商业门户以及微信公众号纷纷转载推荐，200多个微信公众号进行推送，引爆微信朋友圈，"一库在手，应有尽有""学习宝典，考研必备""学习利器，实用好用""要常备案头、置顶收藏夹"等。广大党员干部纷纷留言，表达对数据库上线的欢迎和肯定。又如，环球时报在线（北京）文化传播有限公司发起的"当代中国奇迹之旅"话题，在设置为#当代中国奇迹#新浪话题标签下的微博发布数量为197条，并获得了超过2亿人次的点击量和1.8万次讨论。据初步统计，"当代中国奇迹之旅"活动相关微博已经超过210余条。评论数量超过3.5万条，点赞数约为6.4万人次，转发2.9万余次。网友们纷纷留言，"（祖国）真伟大，发自内心的！""为中国点赞！厉害了，我的祖国！"，并积极赞扬设计者和建设者的辛勤付出。

(8) 网上公开展示的投票情况

根据评选的规则，在初评工作完成后，梳理候选人相关资料，一般选取初评作品得分排名前300的作品进入网上公开展示，中国青年网"两微一端"等推送渠道推送头条展示页面，吸引广大网友参与到活动中来，形成广大网民参与评选活动，为正能量点赞的良好氛围。作品的得票情况是网络正能量专题活动评选的重要参考，但是由于系统并没有对投票数据进行统计，因此课题组无法进行数据分析。

3. 作品内容的知识图谱分析

日渐成熟的技术手段使网络舆情的传播和控制变得更加快捷。依据三届的网络正能量专题活动评选的样本数据，按照专题作品标题、作品背景、作品策划、作品导向、推荐意见等分类数据库中的内容，分别对相应数据进行可视化分析。

(1) 作品标题知识图谱分析

第一届专题活动作品标题共词图显示，专题活动作品主要关注中国人民抗日战争暨世界反法西斯战争胜利 70 周年、榜样、公益、习近平重要讲话、核心价值观等内容（图 6-1 所示）。

图 6-1　第一届专题活动作品标题共词图

资料来源：笔者根据第一届专题活动作品标题制作。

第二届专题活动作品标题共词图显示，专题活动作品主要关注纪念长征胜利 80 周年、"两学一做"、寻找最美感动故事等内容（如图 6-2 所示）。

第三届专题活动作品标题共词图显示，专题活动作品主要关注学习宣传党的十九大精神、纪念中国人民解放军建军 90 周年等内容（图 6-3 所示）。

第一届至第三届专题活动作品标题共词图显示，专题活动作品主要关注学习宣传党的十九大精神、周年纪念活动、公益活动等内容（如图 6-4 所示）。

图 6-2　第二届专题活动作品标题共词图

资料来源：笔者根据第二届专题活动作品标题制作。

图 6-3　第三届专题活动作品标题共词图

资料来源：笔者根据第三届专题活动作品标题制作。

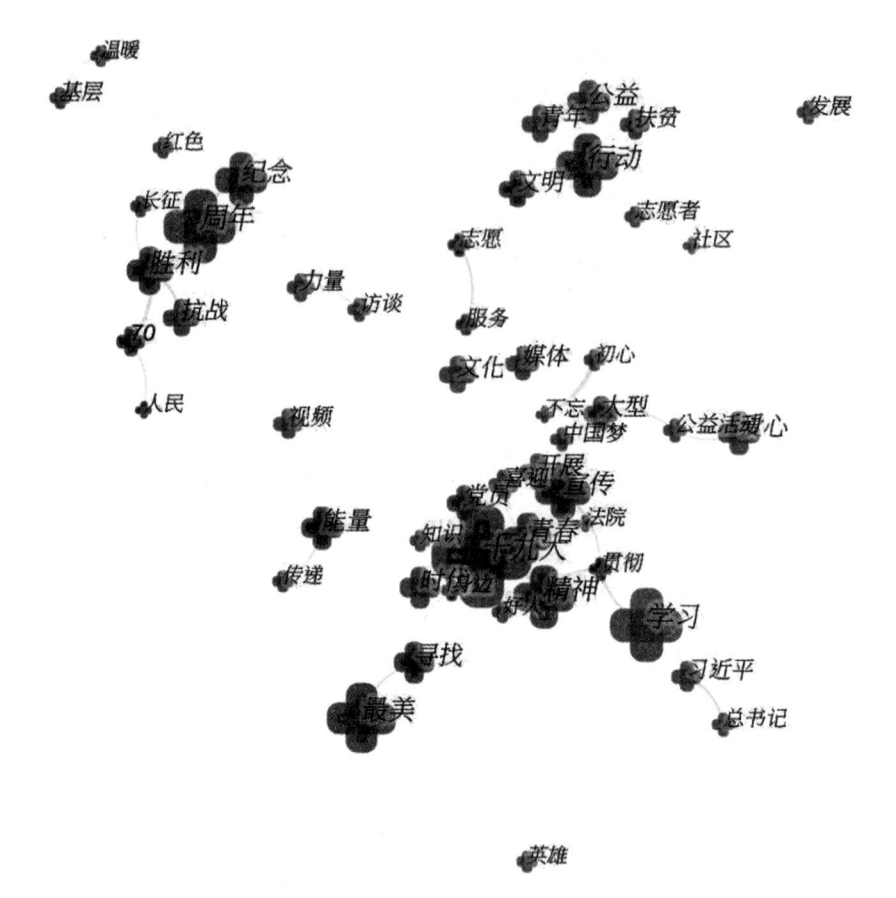

图 6-4　第一届至第三届专题活动作品标题共词图

资料来源：笔者根据第一届至第三届专题活动作品标题制作。

（2）专题活动作品策划知识图谱分析

专题活动的作品策划是指作者用什么样的传播方式来展现一定的专题内容。由于第一届没有相关作品策划字段，无法统计分析。

如图 6-5 至图 6-7 所示，第二届、第三届专题活动作品策划共词图显示，第一，专题活动策划采用微信、微博和网络等平台传播方式；第二，专题活动作品运用视频、图文等表达内容方式；第三，专题活动运用投票、访谈和直播、在线征集等表现形式；第四，专题普遍注重和网民的互动性。另外，第二届专题活动主要关注核心价值、总书记、公益活动、周年活动、最美故事、脱贫攻坚等内容；第三届专题活动主要关注十九大、核心价值、基层等内容。

（3）专题活动作品导向知识图谱分析

专题活动的作品导向是指专题活动运用传播方式传播的内容所产生的社会效果。由于第一届没有相关作品导向字段，无法统计分析。

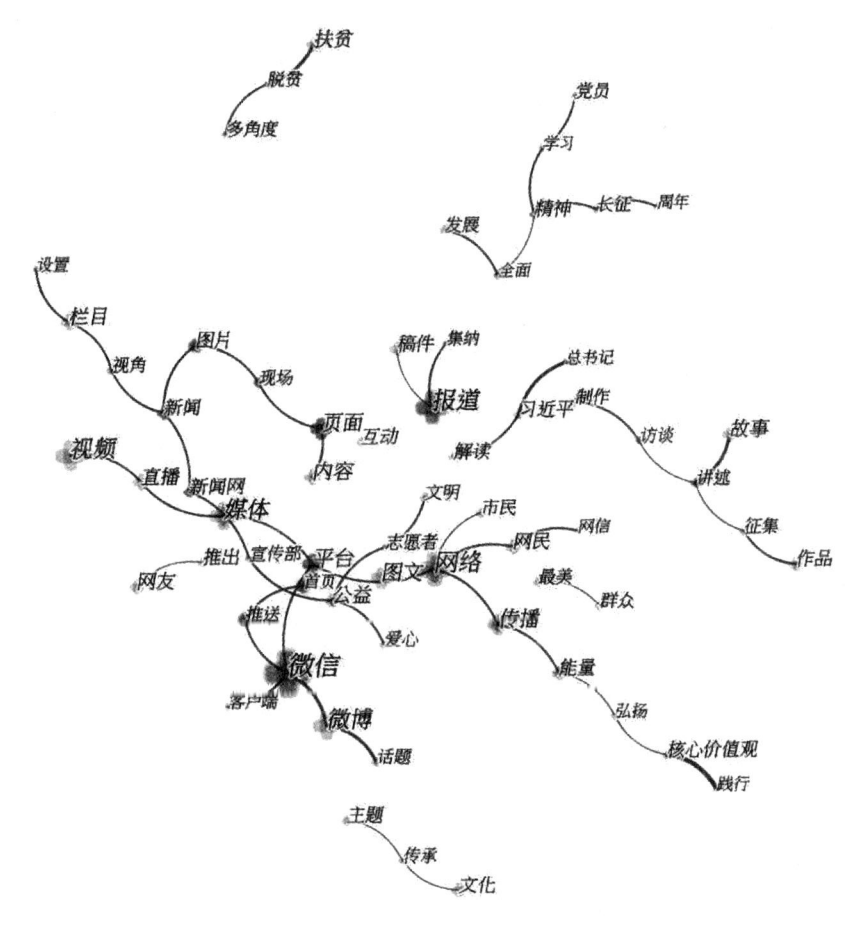

图 6-5 第二届专题活动作品策划共词图

资料来源：笔者根据第二届专题活动作品制作。

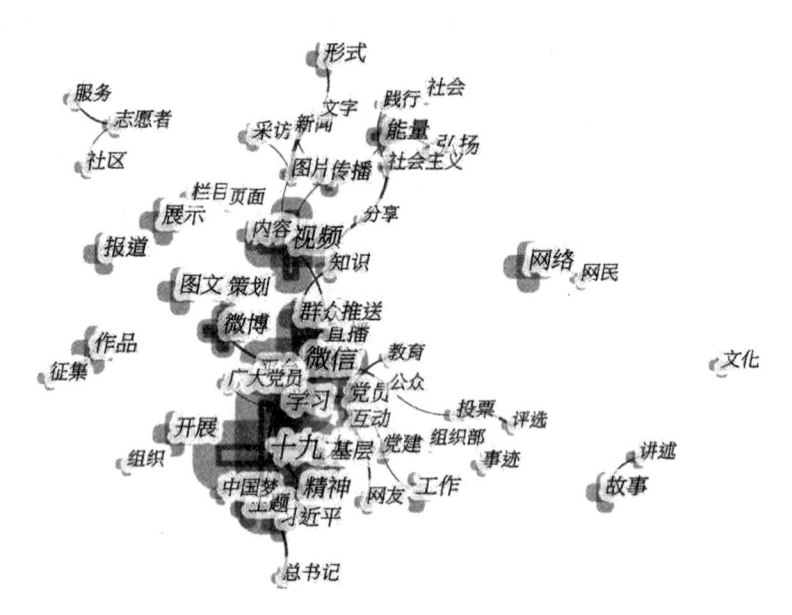

图 6-6　第三届专题活动作品策划共词图

资料来源：笔者根据第三届专题活动作品制作。

图 6-7　第二届、第三届专题活动作品策划共词图

资料来源：笔者根据第二届、第三届专题活动作品制作。

如图 6-8 至图 6-10 所示第二届、第三届作品导向共词图显示：第一，专题活动作品主要利用微信、微博、网站等方式推送，专题获得大量的阅读、转发，赢得了广泛的好评和点赞；第二，专题活动作品主要传播宣传党的十九大、核心价值观、扶贫等内容，传播主旋律，弘扬正能量；第三，专题活动营造了良好的舆论氛围，引发社会关注，舆论强大反响，发挥了舆论的引导作用，收到了良好的社会效果。

图 6-8 第二届专题活动作品导向共词图

资料来源：笔者根据第二届专题活动作品制作。

图 6-9　第三届专题活动作品导向共词图

资料来源：笔者根据第三届专题活动作品制作。

图 6-10　第二届、第三届专题活动作品导向共词图

资料来源：笔者根据第二届、第三届专题活动作品制作。

（二）评选活动的组织运营

有效的组织是评选活动顺利开展的重要保障，根据组织评选活动的基本要求，中国青年网采取了有力的组织动员，激励单位、个人参与到评选活动中去，组建了一支有力的工作团队，拟定了申报要求和评价标准，制定了一套有效的工作实施方案和一套全流程的宣传推广方案，组建了公正权威的专家库。

1. 组织动员

评选活动采取线上动员和线下动员相结合的方式来吸引各单位、企业及个人参与。第一，线上动员。评选活动启动之后，中国青年网各大宣传平台、自媒体账号平台以及青年之声各宣传平台均参与到宣传中来。第二，线下动员。各级网信办和宣传部门通过下发活动通知文件的方式宣传评选活动，鼓动大家参与评选活动。目前，网络正能量专题活动评选覆盖了32个省级行政区域，覆盖了中央和地方各主要新闻网站，吸引了腾讯、新浪微博等自媒体的广泛参与。

2. 工作团队

作为第二届网络正能量专题活动评选的牵头单位，中国青年网高度重视评选活动，为更好地推进活动开展，特设立4个服务支撑工作小组，分别为评选小组、技术小组、评论小组和"两微"宣传小组，每个小组各设4名工作人员。

在第三届网络正能量专题活动评选时，中国青年网组成了专题活动评审组，部门主任担任团队负责人，全程参与和指导，并把各项工作具体落实到人。活动期间，中国青年网周密部署每个阶段的活动，移动互联网传播中心、评论中心、新闻中心、"两微"、技术制作等部门协调合作，保障活动顺利开展。

3. 评选标准

中国青年网设定评选标准（见表6-1），积极组织、引导各单位、企业和个人有序地参与评选活动。

一是政治思想性。主要评价专题活动设置的政治高度、政策洞察力、解读力，要求体现出较高的思想水平，与时政重大事件所反映的方针政策和发展规划的契合程度。

二是新闻时效性。主要评价专题活动设置的新闻热度、新闻专业性、图文水平、吸引力、新闻事件的时间节点、及时快速反应等。

三是传播影响力。主要评价专题活动的创意、设计，要求能够充分调动网民和社会大众的关注，用新闻报道的图文等内容引导社会舆论，形成明显的社会影响力。其中转发量、阅读量、点击率等指标突出，在网络上产生广泛影响。

四是参与互动性。主要评价专题活动能够充分发挥原创专题和主题活动的特点，要求易于参与，广为传播，活动的互动性强，参与度高，形成了显著的社会影响，大众口碑和评价较高。

五是积极正面性。主要评价专题活动的正面引导力，要求具有明显积极正面的特性且能高效传播，引起公众正面呼应和共鸣，在社会形成明显的正能量效应。

表6-1　　　　　　网络正能量专题活动评选标准

政治思想性	新闻时效性	传播影响力	参与互动性	积极正面性
25分	25分	20分	20分	10分

资料来源：笔者根据网络正能量专题活动评选标准整理制作。

4. 工作实施方案

制定工作实施方案是落实、推动评选活动的有力抓手，三年来，中国青年网在不断总结工作经验的基础上，形成了系统的工作实施方案，主要包括：活动的主题、背景、目的简述，活动的组织机构、活动的时间、申报要求和评审标准，活动的流程和分工，活动的宣传和推广，相关说明。

5. 宣传推广情况

中国青年网利用多种途径，结合日常报道，通过多种方式宣传与推广活动，包括建立活动专题网页、网站内容位置推广、新闻稿件及图刊配合宣传、新媒体"两微一端"发起互动配合宣传等。另外，联合其他互联网媒体和企业寻求合作支持。请网信办协调全网推广工作。

一是加强页面推送开展话题引导。通过图文等多种形式在中国青年网首屏显要位置持续推送相关新闻、话题、链接等消息，并在中国青年网新浪微博、微信、客户端等新媒体应用显示，扩大传播面和影响。定期刊播综述和网评文章，组织引导，从不同角度对活动进行宣传。围绕网络正能量主题，提高微博、微信等自媒体平台更新频率，加强与网友互动。选取部分优质内容提供给中央主要新闻单位发稿，并进行网络推送。

二是提升投票展示阶段网上参与度。在专家初评工作完成后，梳理候选专题活动作品相关资料，制作并在中国青年网首页重点推荐投票展示页面，形成广大网民关注专题活动、参与评选活动、为正能量点赞的良好氛围。积极通过中国青年网"两微一端"、青年之声等推送渠道推送头条展示页面，吸引广大网友参与到活动中来，聚拢网上人气。

三是做好对获奖专题活动作品的推广。评选结果公布后，通过专题专栏、H5、视频等多种形式在网上进行集中展示，与活动主题相呼应。邀请各分类部分获奖代表开展网上嘉宾访谈或线下文字专访，畅谈对网络正能量的理解体会，分享个人在开展网络舆论引导中的经验心得，展示网络正能量专题活动的良好形象。

四是协调商业网站做好配合宣传。协调各主要商业网站派出代表参与初审，在活动的关键节点，如网友投票、最终评选、风采展示环节，在首页提供展示。协调新浪微博就"五个一百"为话题，在整个活动期间，特别是网上投票展示、结果揭晓、榜样展示等阶段，进行集中宣传。协调腾讯微信在朋友圈向所有用户定期投放以"五个一百"为主题的公益广告，以便进一步扩大移动端影响力，增强活动品牌传播力。

6. 专家库信息情况

评审专家分为初评专家和终评专家，一般而言，终评专家从初评专家中产生。从三届的评选活动来看，专家库有以下四个特点。第一，评审专家具有权威性和公正性。从评审专家的来源来看，专家来自机关、媒体、高效、社会研究机构、国资委、中央军委等；从评审专家的代表性来看，专家代表有 8 名、机关代表有 8 名、媒体代表有 6 名、网民代表有 1 名；人员的多样化保证了评审专家的权威性和公正性。第二，评审专家人数具有稳定性，初评由 23 名专家构成，终评由 10 名专家构成。第三，评审专家具有流动性，每届评审专家名单都不同。第四，评审规则具有严格性，终审每个专题采取 10 名专家一致通过的评选规则。

（三）评选的基本经验

1. 坚持正确方向创新方法手段，提高新闻舆论传播力、引导力

网络正能量专题活动评选在掌握网络发展规律的基础上，借助新媒体等平台进行正能量的传播，积极与网民互动，使正能量更加表达了社情民意，使正能量更能让人民群众接受和

满意。

2. 逐步完善了评审规则

在初评阶段,每个初评专家需要对每个有效申报作品进行打分,工作量太大以致严重影响了评审质量。后来改为先由网站对所有申报作品进行初选;经过初选后,再进行交叉评审,每名初评专家分配不超过 300 个作品。

3. 逐步完善了活动规划

以第二届网络正能量专题活动评选为例,各个阶段缺乏详细计划和分解,各阶段相关事宜如评审标准等没有提前确定,拖延了活动各阶段进程,影响了评选成效。之后,中国青年网对评选活动各阶段进行了分解,并作出详尽规划,提出了明确的标准和要求。

4. 开发了申报平台及评审系统

为顺利推动网络正能量专题活动评选的进行,中国青年网根据中央网信办安排部署,独立开发建设了第二届"五个一百"网络正能量精品评选活动申报平台及评审系统。

5. 组建了良好的工作团队

作为第二届网络正能量专题活动评选的牵头单位,为更好地推进活动开展,中国青年网设立了多个服务支撑工作小组。

6. 有效地宣传推广

(1) 中国青年网评

在评选活动启动后,中国青年网评连续推出评论文章予以宣传引导。在申报阶段,根据中央网信办的统一安排部署,中国青年网评每周五(春节假期除外)坚持推出评论文章。此外,中国青年网还在活动的重要时间节点，如评选截止日、评选结果公布日等策划推出网评文章，继续为网络正能量专题活动评选造势，为弘扬网络正能量、营造清朗网络空间，为形成网上网下"同心圆"共筑中国梦贡献力量。

(2) 新闻稿件宣传

在评选活动的启动、初评、网络展示投票、评委终审、网络公示、榜单揭晓、颁奖典礼等各个活动阶段，根据中央网信办统一安排部署，在中国青年网重要位置推送新闻稿件。

(3) 专题建设

建设并维护评选活动的总页面、网络正能量专题活动评选页面，并在网络展示投票、网络公示、榜单揭晓等活动阶段，根据中央网信办的统一安排部署，建设活动相关专题。各专题在中国青年网首页重要位置推送。

(4) "两微"宣传

在微博上开设#五个一百正能量#话题。中国青年网官方微博作为话题主持人，每天更新相关正能量微博，制造热点，传播高质量图文、视频，扩大宣传力度、话题热度，提高网民的互动参与度。在中国青年网官方微信开设独立的宣传菜单栏、独立微端界面，配合PC端的活动进程，向网友推送正能量榜样、作品。此外，中国青年网微信还通过H5、小游戏等给网友颁发"荣誉证书""荣誉头像"等虚拟奖励，鼓励大家参加到活动中来，扩大活动影响力，让网络正能量专题活动评选更接地气。

(5) 丰富的线下活动

一是举牌宣传。联系各个参选作品的明星、大学生、网络大V和相关负责人进行"举牌活动"，推广网络正能量专题活动评选，并通过文字稿、图片稿等形式对"举牌活动"进行新闻报道，增强活动的影响力。

二是抽奖活动。凡是参与投票环节的用户都有机会获得由中国青年网派送的相关礼品，如抱枕（附二维码）、明星合影、与网络大V互粉等，调动网民的热情，让他们积极做一个网络时代的正能量使者。

（四）活动存在的不足与对策建议

目前，网络正能量专题活动评选已经连续举办了三届，已积累了一定的经验，形成了一定的社会效应，发挥了正能量建设的导向作用。但也存在一些不足，需要进一步完善，更好地发挥正能量的引领功能。

1. 加强组织动员，优化申报来源

目前主要通过组织动员方式进行申报，对社会和个人传播力影响力小，如商业媒体、地方政府、基层组织参与度低，甚至还出现过有些单位到活动结束时才接到通知的情况。因此，应加强对商业媒体、地方政府、基层的组织动员，扩大专题作品的申报来源。

2. 加强整体宣传，持续保持评选活动热度

一是活动整体宣传力度不够，没有持续的热度，只重视开头和结尾的宣传，应进一步形成宣传常态化机制；二是线下宣传的随机性很大，宣传方式单一，主要通过线下通知的方式宣传，应逐步形成一套完善的线下宣传手册。

3. 加强议题设置，发挥评选活动的前瞻性、引领性和主动性

从以往的评选活动来看，以各地申报的专题活动为来源，这固然激发了各地的创新性，但也带来了专题活动的分散性、随机性，导致评选单位无法掌握专题活动来源的主动性。在正能量的有效宣传上，议题设置是因，评选是果，好的议题设置

才能增强组织方战略规划的前瞻性、工作的主动性和舆论宣传上的引领性。

4. 构建优秀专题活动正能量库，打造正能量传播的 2.0 版

评审活动开展以来，挖掘了很多的优秀专题活动，但是这些优秀专题活动并没有被系统地整理和利用。为了更好地宣传正能量，我们首先需要建立正能量专题活动库；其次对正能量专题活动库进行分类整理；最后，对正能量专题活动进行加工制作，形成正能量传播的 2.0 版，满足公众对优秀作品的需求。

附录 网络正能量指数多领域事件分析综合发布

一 2018年年度十大互联网正能量事件解读

(一) 网络正能量事件AMI综合评价指标体系

附表1　　网络正能量事件AMI综合评价指标体系

一级指标	二级指标	三级指标	指标解释
吸引力	主题吸引力	价值导向力	积极向上，符合社会主义道德伦理观的内在追求；合理合法，符合社会主义法律的基本要求；践行和弘扬社会主义核心价值观
		时代吸引力	热点性：关注社会热点；重大性：关注重大政策、重大主题、重大活动、重大事件；时代性：具有鲜明的时代特性或者能够引领时代潮流
		精神感染力	汇聚和提炼事件的正能量精神；激发读者的正能量情怀；传播和感染读者再传播正能量精神
	需求吸引力	阅读吸引力	首发点击量；转载点击量
		互动吸引力	首发点赞量；首发回复量
		传播吸引力	首发媒体；首发版面；转载媒体；转载版面；转载次数
管理力	首发媒体管理力	编辑审查力	形式审查强度（创作主体、创作形式）；内容审查强度
		后台推送力	机器推送算法；人工监管
		事故应急处理力	推送事故分级；推送事故应急措施；事故追责

续表

一级指标	二级指标	三级指标	指标解释
影响力	影响广度	总点击量	事件相关报道总点击量
		移动推动次数	事件相关报道总转载量
		电视及纸媒数	报道事件的电视媒体及纸质媒体数量
	影响深度	领导关注度	领导人批示或者讲话
		政府关注度	各级政府平台报道总量
		媒体关注度	各类媒体报道的频度、篇幅、深度
		社会关注度	舆论关注度（UGC 内容讨论热度）
凝聚力		社会心理	社会接受度、期待度、认同度
		社会参与	评论量、点赞量、跟帖量、回复量

资料来源：课题组研究设计。

网络正能量事件 AMI 综合评价指标体系（见附表 1）采用定量和定性相结合的方法，其中定量部分数据与国内著名数据科技公司合作，并通过课题组专家多次讨论筛选。

数据分析过程主要分两个阶段进行。前期基于网络正能量综合指标评价体系，通过综合事件的政治导向、内容格调、舆论反响等多个指标，筛选出 80 个年度正能量事件。后期对单个事件的全网传播情况进行逐个回溯分析，并根据热度指数排布情况，确定 31 个事件作为 2018 年年度正能量事件发布。

数据分析过程中，重点采集"两微一端一站"、论坛等新媒体平台数据、全网情感数据等；信息检索范围涵盖 20 万个网站、2 亿个微博账号、1900 万个微信公众号和近 300 个主流新闻媒体客户端。信息检索范围包括主流央媒、地方媒体、商业新闻网站，各大媒体电子报刊，企鹅号、大风号等自媒体平台，各类新闻、政务、自媒体微信公众号，微博及论坛信息等；全方位整合传统媒体、门户网站、微博、微信、论坛等各类平台。

（二）十大网络正能量事件排名及得分

运用网络正能量事件 AMI 综合评价指标体系进行评价，得到了网络正能量事件的总分,前十名的网络正能量事件排名及得分情况见附表2。

附表2　　　　　　　十大网络正能量事件排名及得分

排名	事件	总分
1	改革开放40周年,中国的改革开放宣言世界回响	99
2	《平"语"近人》播出,党的创新理论"飞入寻常百姓家"	98.5
3	港珠澳大桥通车,国之重器开创融合新时代	98
4	加快落实抗癌药降价保供等相关措施,靶向改革化解民生痛点	97
5	5小时3万次按压挽救8岁男童,医者仁心续写生命奇迹	96.5
6	孙杨要求重新升国旗,维护国家荣誉被赞"国格担当"	95
7	藏中电力联网工程投运,突破生命禁区创造世界之最	94.5
8	96岁坚守手术台,吴孟超挺起新时代共产党员的精神脊梁	94
9	扫雷战士杜富国,英雄壮举谱写新时代强军战歌	93
10	五部门共治影视阴阳合同,重拳治乱象行业发展可期	92

资料来源:课题组依据采集的数据和网络正能量综合评价指标体系制作。

(三) 案例解读

案例一:改革开放40年,中国的改革开放宣言世界回响

正能量点评　★

改革开放40年,深刻改变了中国,深刻影响着世界。步入新时代的中国以"志不改、道不变"的信念推进改革开放再出发,为世界经济发展提供着更强劲的动力。隆重庆祝改革开放40年,鼓舞和激励着全党全国各族人民在新时代继续推进改革开放,为实现"两个一百年"奋斗目标、实现中华民族伟大复兴的中国梦不懈奋斗。[1]

---

[1] 肖干:《坚定改革开放信心决心 凝聚转型发展强大合力》,《淮北日报》2019年2月2日。

1. 事件概述

2018年适逢改革开放40年的重要历史节点,新年贺词中,习近平总书记发出号召:"我们要以庆祝改革开放40年为契机,逢山开路、遇水架桥,将改革进行到底。"12月18日,在庆祝改革开放40年大会上,习近平总书记再度发出新时代改革开放再出发新的宣言书,鼓舞和激励全党全国各族人民在新时代继续把改革开放推向前进。2018年以来,各家媒体全平台、多方位深入展现改革开放40年的各项发展成就,各类文艺作品、纪录片等纪念类文化产品层出不穷,主流思想铿锵有力;舆论场网民情绪高涨、自豪感爆棚,形成了强大的舆论声势。

2. 大数据分析

(1) 舆情热度走势

附图1呈现了2018年涉改革开放40周年舆情热度走势。2018年涉改革开放40年舆情全年居于高位。尤其是自11月起,《人民日报》、新华社、中央电视台等有影响力的媒体,集中策划多起传播推广活动,改革开放40年舆情全面升温;至12月18日,庆祝改革开放40年大会隆重召开,习近平总书记重要讲

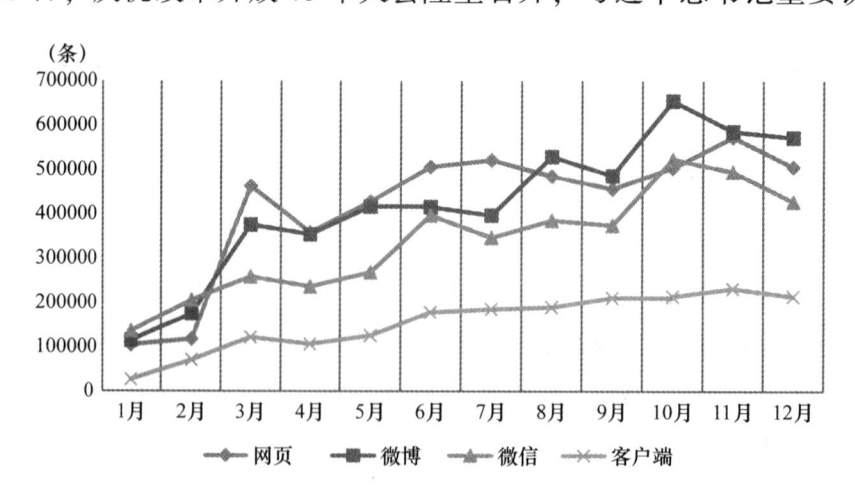

附图1 2018年涉改革开放40年舆情热度走势

资料来源:国内著名数据科技公司依据全网监测数据制作。

话引发强烈反响,舆情热度达到全年高峰。

一方面,国内改革步伐从未停歇,国务院机构改革、个税改革、医疗改革、教育改革等深刻影响着国计民生,显著增强了民众幸福感。尤其是2018年3月"两会"释放的党和国家机构改革,及与民众"钱袋子"紧密相关的系列惠民政策持续引发热议,舆情热度随之升温;国资国企改革和民营企业发展贯穿全年,高层频频表态,给民营企业发展注入了前所未有的信心和动力。另一方面,中国对外开放的大门进一步扩大,四大主场外交全面唱响开放合作的主旋律,面向世界昭示着中国全面扩大开放的决心。相关活动引发全球瞩目,改革开放舆情随之在4月、6月、9月和11月出现明显升温。

(2)热门词汇

舆论热议改革开放40年以来全国各领域"翻天覆地"的变化,热情歌颂产业"振兴"、社会"变革"、"时代""发展"、民生福祉增进等各方面突出"成就",高度肯定改革开放伟大决策的科学性及其对于"引领时代"、实现"跨越"式发展的突出意义。同时,舆论热切期待改革开放进一步释放更强劲的推动社会变革的力量,并继续对改革开放和中国特色社会主义道路保持坚定自信,高度认可将改革开放"进行到底"的伟大战略部署。

3. 舆论反馈

媒体层面,党中央及各地政府部门,主流央媒及全国各地方媒体,积极策划改革开放40年专题活动,全方位呈现中国改革开放40年来各领域翻天覆地的变化,传递中国坚持改革开放道路的坚定决心和进一步开放合作的满满诚意,为新时代改革开放再出发营造良好舆论氛围。

网民层面整体舆论情绪积极而热烈(如附图2所示),民众普遍以讲故事、说经历、晒图片等方式细数改革开放40年来的生活变化,感叹国家发展迅速、民众生活幸福感显著提升,并为伟大祖国送上祝福。

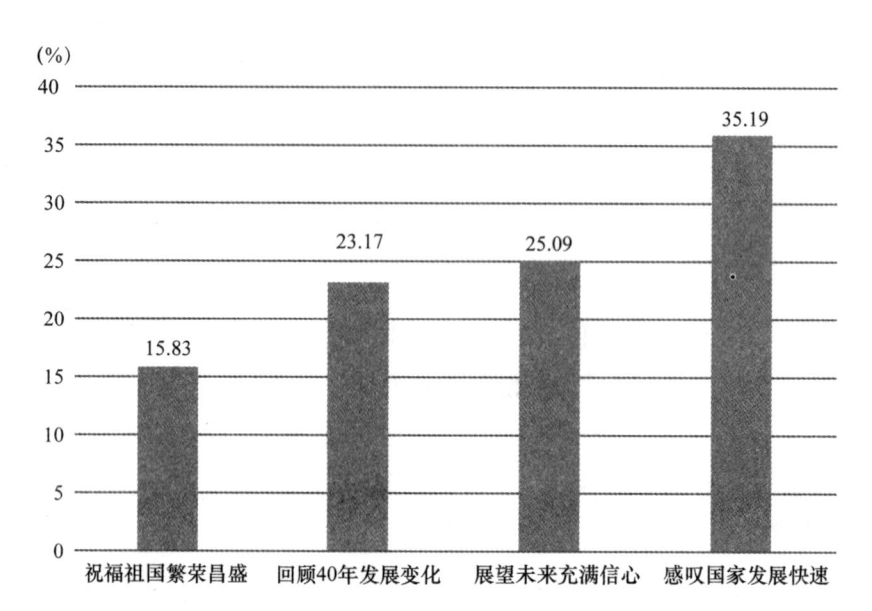

(%)
- 祝福祖国繁荣昌盛: 15.83
- 回顾40年发展变化: 23.17
- 展望未来充满信心: 25.09
- 感叹国家发展快速: 35.19

附图 2　涉改革开放 40 年主要网民观点分布

资料来源：国内著名数据科技公司依据全网监测数据制作。

案例二：《平"语"近人》播出，党的创新理论"飞入寻常百姓家"

正能量点评　★

习近平总书记用典正是习近平新时代中国特色社会主义思想与中华优秀传统文化的对接与交融，是中国智慧、中国力量、中国风范的当代体现。《平"语"近人——习近平总书记用典》电视节目则在新思想传播手段和话语方式创新上作出了一个积极尝试，一方面掀起了全民学习中华传统文化热潮，同时也实现了中华优秀传统文化创造性转化创新性发展，推动党的创新理论"飞入寻常百姓家"。

1. 事件概述

2018 年 10 月 8—19 日，央视综合频道播出由中共中央宣传部、中央广播电视总台联合创作的《百家讲坛》特别节目《平

"语"近人——习近平总书记用典》。节目共12集,由"原声微视频""思想解读""经典释义""现场访谈""互动问答""经典诵读"六个环节构成。节目从"用典"切入,创新表达形式,生动阐释习近平总书记重大理论,同时将生动故事和鲜活人物融入理论宣传中,推动习近平新时代中国特色社会主义思想的生动阐释和有效传播。

2. 大数据分析

(1) 舆情热度走势

《平"语"近人》节目创意新颖、主旨高远、制作精良,2018年10月8日播出当天即收获部分舆论关注(见附图3)。此后,随着后续节目的播出,热度逐渐上升,总书记巧妙用典、深入浅出的解读党的理论,在党员干部中引发学"习"热潮。人民网、新华网、央视等主流央媒,积极刊载报道关注解读最新节目,带动全民观看热潮,此后,节目解说词、媒体评述文章、各地基层组织观看节目的相关信息以及部分基层党员观后感等持续在网页、微博、微信等平台热传。同年11月29日,《习近平喜欢的典故——平语近人》(西语版)正式上线发布,引发各国媒体关注,进一步激发民众的自豪感和学习热情。

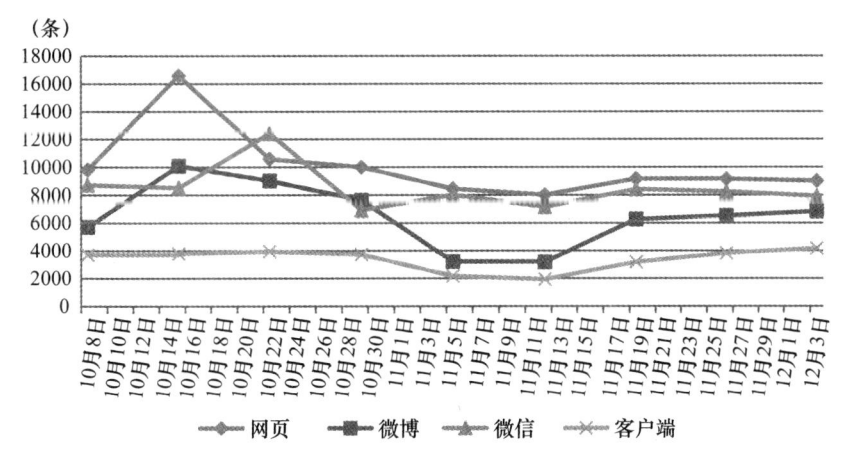

附图3 《平"语"近人》舆情热度走势

资料来源:国内著名数据科技公司依据全网监测数据制作。

(2) 热门词汇

《平"语"近人》节目以习近平总书记重要讲话、文章、谈话中所引用的古代典籍和经典名句为切入点，围绕"立德""修身"等不同主题，创新形式诵读习近平总书记"用典"，生动展现了习近平总书记对"中华""优秀""传统文化"的理解，阐释了习近平新"时代""中国特色社会主义""思想"。节目创新传播形式，亲近中华历史文化、贴近百姓现实生活，同时紧扣时代脉搏，引发如潮好评。"民族""发展""中国梦""智慧""创新"等词汇，成为与节目相伴出现的高频词汇。

3. 舆论反馈

媒体层面，《平"语"近人》节目播出即备受媒体关注，央视、人民网、新华网、光明网等主流央媒担当报道主力，以转载最新节目视频、发布节目解说词、报道各地学习观看活动及舆论反响等方式对节目进行宣传推介，相关报道助推节目热度进一步上涨，推动习近平总书记重要理论"飞入寻常百姓家"。

网民关于《平"语"近人》的主要观点如附图4所示。网民层面，《平"语"近人》获得舆论广泛关注，并迅速在全网

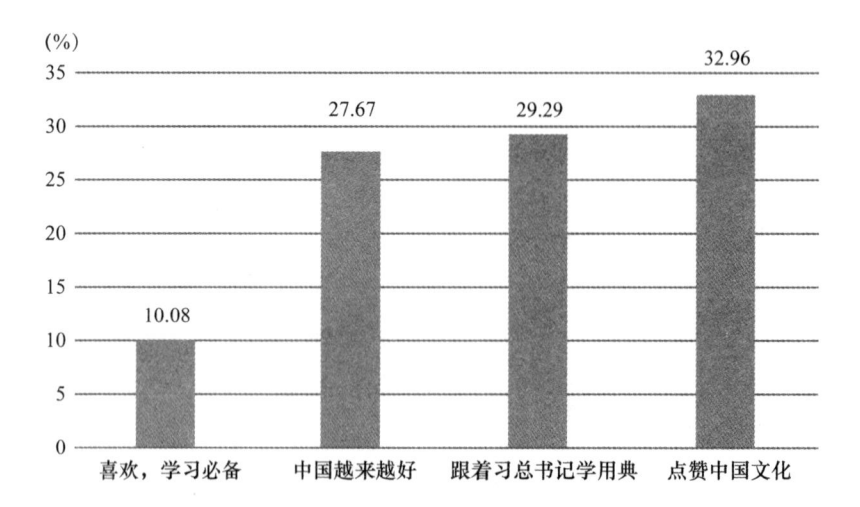

观点	百分比(%)
喜欢，学习必备	10.08
中国越来越好	27.67
跟着习总书记学用典	29.29
点赞中国文化	32.96

附图4 央视播出《平"语"近人》主要网民观点分布

资料来源：国内著名数据科技公司依据全网监测数据制作。

掀起一股学习习总书记重要理论和中华历史文化典故的热潮。众多网民参与转发、评论，讲述观看、学习感受，点赞中华民族优秀文化，称赞习近平总书记许党许国的爱民情怀和夙夜在公的理政智慧，纷纷表示要跟着习近平总书记学习使用文化典故。

案例三：港珠澳大桥通车，国之重器开创融合新时代

正能量点评 ★

"一桥拉动，珠三角西部棋子全盘皆活"。港珠澳大桥通车加强了三地人员交流和经贸往来，促进了粤港澳大湾区互融互通，提升了珠三角地区综合竞争力，同时必将进一步引领中国改革开放的新征程。大桥建设创下多个世界之最，体现了中国科技创新能力的飞跃性发展，彰显了中华民族逢山开路、遇水架桥的奋斗精神；规划者和建设者迎难而上、精益求精的"工匠精神"，也深刻影响着普通民众；此外，三地共建"超级工程"，也彰显了中国特色社会主义道路"集中力量办大事"的制度优势。

1. 事件概述

2018年10月24日9时，举世瞩目的港珠澳大桥正式通车运营。大桥东接香港，西接珠海和澳门，集桥、岛、隧道于一体，全长55公里，是粤港澳三地首次合作共建的超大型跨海交通工程，也是世界跨度最长的跨海大桥。港珠澳大桥开通使三地连成一体，交通出行更加便捷、旅游文化深度交融、科技创新加速联动。港珠澳大桥集桥梁、隧道和人工岛于一体，因建设难度大被业界誉为桥梁界的"珠穆朗玛峰"，也被英国《卫报》评为"新的世界七大奇迹"之一。

2. 大数据分析

（1）舆情热度走势

"超级工程"港珠澳大桥备受全球瞩目，舆情热度走势如附图5所示。正式通车前，全国媒体竞相发布预热文章，重点介绍大桥的建筑规模、工程难度、运行情况及其对于三地发展的重要意义。2018年10月23日，港珠澳大桥开通仪式在广东珠海举行，习近平总书记出席仪式并宣布大桥正式开通，迅速点燃舆论关注热情。当月24日大桥正式通车，舆论热度迅速攀升至高峰，新华社等主流央媒纷纷以视频直播等带领网民"穿越"港珠澳大桥，网民则主要通过社交平台发布大桥图片，感叹这一"超级奇迹"。此后，随着越来越多的网民发布港珠澳大桥通车体验，舆情热度持续维持在较高水平。

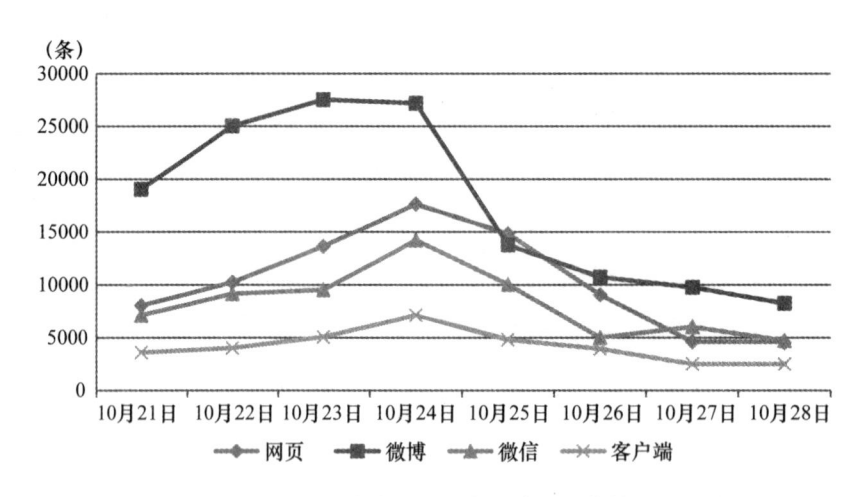

附图5　港珠澳大桥通车舆情热度走势

资料来源：国内著名数据科技公司依据全网监测数据制作。

（2）热门词汇

港珠澳大桥横空出世，汇众智，聚众力，"港珠澳""大桥""工程""人工岛""隧道"等工程建设相关的词汇迅速占据话题中心。由"香港""珠海""澳门"三地共建的大桥，不仅解决了三地"车辆"、人员、货物等的流通需要，更是有力推动"粤港澳大湾区"建设，开启三地"融合"新局面。此外，部分媒体、网民重点关注大桥的通关方法、收费模式等实用性信息，带动"巴士""收费""私家车""通关""公里""通行"等词汇密集出现。

3. 舆论反馈

媒体层面，央视、人民日报、新华社等主流媒体担当主力，结合图片、航拍视频、VR、直播等融媒体形态，全方位展示大桥雄姿，并综合利用网页、微信、微博、客户端等平台，形成矩阵式传播格局。此外，媒体刊发多篇述评文章，重点介绍大桥建设的意义及国内外舆论反响，一致认为大桥通车是促进粤港澳大湾区互联互通、经济腾飞的新动能。

网民关于港珠澳大桥的主要观点如附图6所示。网民层面，港珠澳大桥吸引众多民众参观，网民纷纷拍摄照片或视频留念，并分享到社交平台上。感叹大桥外观宏伟、称赞大桥为"中国骄傲"、致敬辛勤的大桥建设者、感叹中国科技创新进步神速等言论，成为舆论场的主流声音。与此同时，有关港珠澳大桥的旅游攻略、兜风指南等也得到广泛传播。

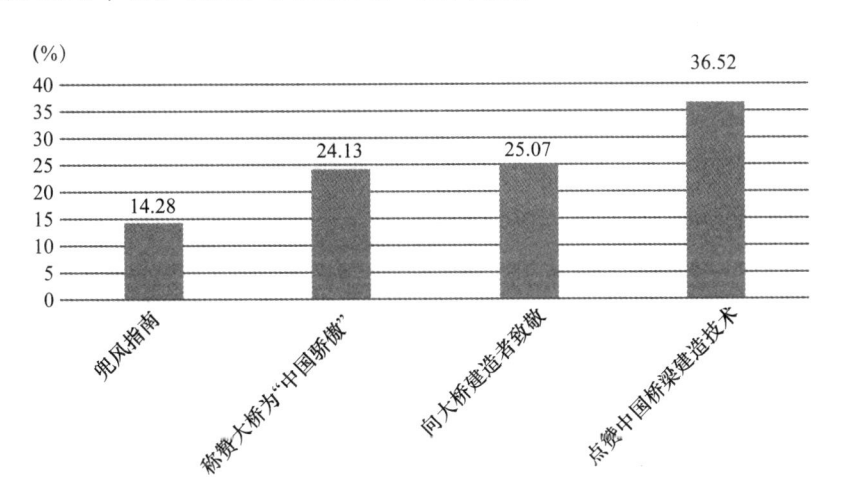

附图6 港珠澳大桥通车主要网民观点分布

资料来源：国内著名数据科技公司依据全网监测数据制作。

案例四：加快落实抗癌药降价保供等相关措施，靶向改革化解民生痛点

正能量点评　★

破解抗癌药价高企、让好药惠及百姓，从国家谈判到提高

医保大病保险保障水平，再到对进口抗癌药实施零关税，全链条长效机制落实抗癌药降价保供，不断从民众实际需求出发化解民生痛点，是政府以人民利益为中心的最真实写照。改革不停步，一系列增强创新能力、新药研发能力，从根本上降低药物价格的举措，为群众带来更多看得见的实惠的同时，也将为全球抗癌事业贡献更多的中国智慧。

1. 事件概述

2018年3月20日，十三届全国人大一次会议闭幕后，国务院总理李克强在回答中外记者提问时表示，愿意以更开放的姿态，进一步降低进口商品税率总水平，特别是群众、患者急需的抗癌药，力争降到零关税。同年4月12日，李克强总理主持召开国务院常务会议，决定5月1日起对进口抗癌药实施零关税，并较大幅度降低抗癌药生产、进口环节增值税税负。同年6月，国家医保局开展2018年抗癌药医保准入专项谈判。同年7月5日，影片《我不是药神》在全国火爆上映，引发全民对高价抗癌药的关注，李克强总理就电影《我不是药神》引发热议作出批示，要求有关部门加快落实抗癌药降价保供等相关措施。同年8月，国家卫建委表示，将加大抗癌药研发力度，推动高质量仿制药进入临床使用。同年10月，国家医保局发布通知，确定17种抗癌药纳入医保支付范围。同年10月底至11月，全国各省（区、市）响应号召，陆续落实17种抗癌药纳入医保政策。

2. 大数据分析

（1）舆情热度走势

2018年有关"抗癌药降价保供"的舆情热度持续位于高位，舆情热度走势如附图7所示。全国两会期间，李克强总理提出患者急需的抗癌药力争降到零关税，主流媒体纷纷报道，吸引网民广泛关注。同年7月，电影《我不是药神》在全国热映，李克强总理作出抗癌药降价保供措施"能加快的要尽量加快"的批示引发全民热议,舆论聚焦高价抗癌药问题,为政府抗癌药降价的政策点赞,舆情热度达到高峰。2018年11月,抗癌药降价保供取得新的进展,全国各地响应号召落实17种抗癌药纳入医保,各级媒体报道执行进展、成效、反馈,网民留言善政"暖心",在全网形成了强大的舆论声量。

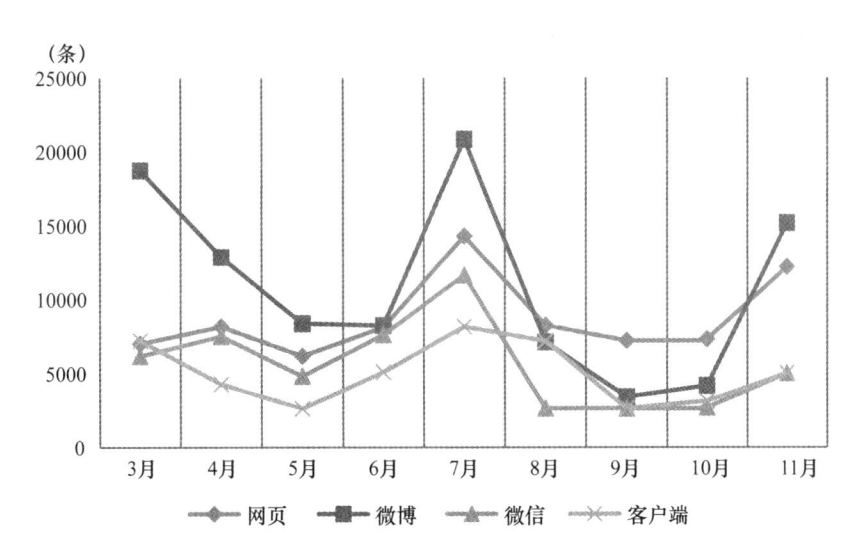

附图7 加快落实抗癌药降价保供措施等相关措施舆情热度走势
资料来源:国内著名数据科技公司依据全网监测数据制作。

(2) 热门词汇

"我不是药神"引发全民关注高价"抗癌药"问题,舆论借势重点报道和详细解读国家出台的进口抗癌药"零关税"、17种抗癌药纳入"医保"等相关措施,一致认为相关措施的实施有利于降低抗癌药"价格",减轻患者经济负担。"李克强"总理关于加快落实抗癌药降价保供的"批示"受到舆论大力点赞。

3. **舆论反馈**

媒体层面,全国各级媒体集中报道李克强总理的批示,密切关注国务院、国家医保局、卫健委等相关措施的出台,详细解读政策为群众带来的优惠,通报全国各地实施落地进程,传达出政府正在不断努力解决关系群众切身利益的问题的信号,在舆论场上形成了强大的正能量声势。

网民关于加快落实抗癌药降价保供措施的主要观点如附图8所示。民众高度关注高价抗癌药的问题,集体点赞李克强总理作出的重要批示,点赞全国各地对政策的高效落实,认为抗癌药降价保供的政策"组合拳"减轻患者负担,传递出满满的政策善意,彰显了十足的政策温度;称赞党和政府直面民生痛点,多措并举全面发力为群众谋实惠。

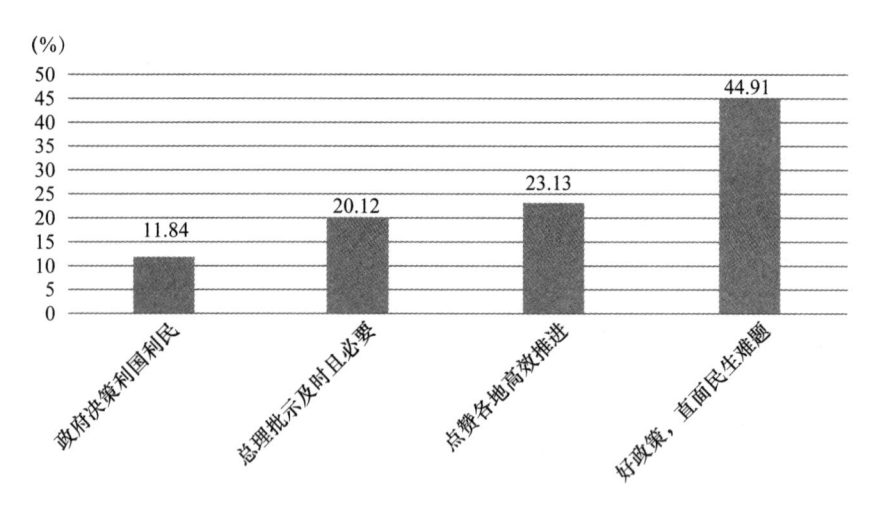

附图8 加快落实抗癌药降价保供措施主要网民观点分布

资料来源:国内著名数据科技公司依据全网监测数据制作。

案例五:5 小时 3 万次按压挽救 8 岁男童,医者仁心续写生命奇迹

正能量点评 ★

心肺复苏技术并不是时间越长越好,一般超过30—60分钟的心肺复苏被认为心脏恢复的可能性很小;面对一个鲜活的生命,医护人员秉持救死扶伤的原则,抛开习惯思维奋力一搏,最终创造医学奇迹。这得益于当地医院良好的组织安排和娴熟专业的技术,同时也是医护人员锲而不舍坚持的结果。此次医学奇迹强化了医护人员救死扶伤、医者仁心的形象标签,对于

树立医生形象、促进医患和谐,对于全社会形成尊医重卫之风有着重要作用。

1. 事件概述

2018年9月20日晚,常州市儿童医院重症监护室收治了一名患有暴发性心肌炎的8岁男孩小雨,情况危急,小雨被送往重症监护室。次日上午,小雨病情突变,医生判断孩子需要采用体外膜肺技术(ECMO)来救治,紧急联系上海复旦儿科医院联合开展转运。当日下午,男童病情急剧恶化,心搏骤停,30名医护人员轮番上阵,耗时5小时,累计超万次心脏按压,直到等来上海的ECMO团队,为挣扎在生死边缘的8岁男孩赢得生的希望。

2. 大数据分析

(1)舆情热度走势

医护人员5小时3万次按压挽救8岁男童的舆情热度走势如附图9所示。2018年9月23日早晨,"常州市儿童医院"官微发文《5小时300分钟30000次按压,为8岁男孩赢得生命希望!》为小雨加油打气,并向医护人员致谢;次日,新华网转载扬子晚报消息并发文速写生死救援,这场医护人员与死神的惊险较量迅速牵动全国民众的心。此后,人民网、中国新闻网、中国青年网等主流媒体持续加入报道行列,带动全网关注。此后,伴随着患儿病情的转变,相关话题于2018年10月初再度发酵,网民聚焦幕后医护人员的辛勤付出以及患儿小雨的实时恢复状况。

(2)热门词汇

医护人员5小时3万次按压挽救8岁男童引发舆论热议,"小雨""孩子""医院""心脏""常州"等词汇占据话题中心,大量媒体刊文对这场生命接力进行具体描述,使得"ECMO""ICPU""按压""心肺""心肌炎"等救助细节相关词汇密集出现。医护人员携手"坚持",共创生命奇迹,"感动"众多网民,舆论纷纷感叹相关医护人员医术"精湛",一致表示"尊重""敬佩"医者。

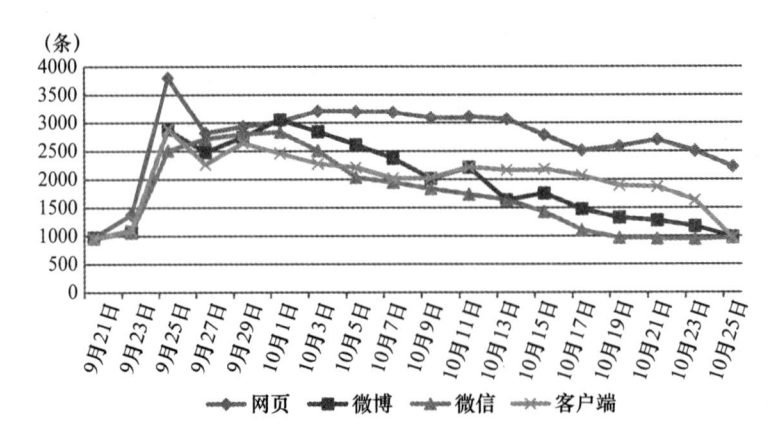

附图9　医护人员5小时3万次按压挽救8岁男童舆情热度走势

资料来源：国内著名数据科技公司依据全网监测数据制作。

3. 舆论反馈

媒体层面，多家纸媒跟踪报道事件最新进展，人民网、新华网、央视网、中国新闻网等多家主流央媒持续聚焦，正面宣扬白衣天使大爱无疆，中国文明网特设专题将此新闻录入"媒体暖新闻"板块。

网民对5小时3万次按压挽救8岁男童事件的主要观点如附图10所示。网民层面，点赞与致敬为网民对医护人员的主流态

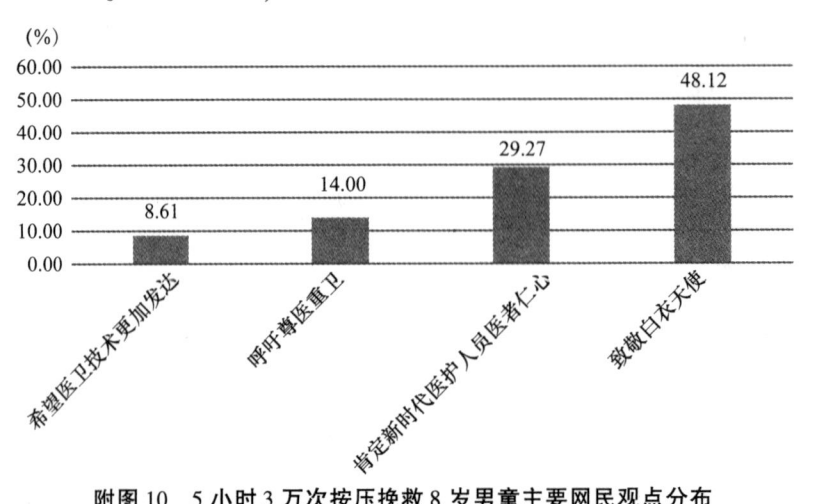

附图10　5小时3万次按压挽救8岁男童主要网民观点分布

资料来源：国内著名数据科技公司依据全网监测数据制作。

度，事件中折射出的医者仁心及其责任担当备受舆论称道。此外，网民呼吁尊医重卫、期待医疗技术更加成熟先进。

案例六：孙杨要求重新升国旗，维护国家荣誉被赞"国格担当"

正能量点评 ★

国旗是国家的象征，国际赛场国旗掉落，折损了中国整体形象。孙杨及时交涉，强硬要求重升国旗，一句"One more time"不仅体现了个人素质，更维护了国家尊严，其不需思考的临时反映，更是表明他已将对于国家尊严的理解融入血脉。这块金牌融入了13亿中国人尊严的重量，孙杨不仅把比赛的金牌带上了领奖台，更把他对国家尊严的理解带上了国际奖台。

1. 事件概述

2018年8月19日，印度尼西亚雅加达朋加诺体育中心，孙杨夺得亚运会男子200米自由泳决赛金牌，中国国旗在即将升至旗杆顶部时发生意外，悬挂国旗的横杆断裂，国旗掉落。领奖台上的孙杨第一时间走下领奖台，寻找组委会官员进行交涉，数次表态"One more time"。随后，组委会和现场工作人员进行了紧张的沟通，在紧急的修复下，现场重新进行颁奖仪式，中国国歌又再一次响起。这一举动得到了全中国人民的支持和赞誉，激发网民满满的自豪感，孙杨本人也被赞"国格担当"。

2. 大数据分析

（1）舆情热度走势

当天，孙杨亚运赛场要求重升国旗这一细节，即刻引爆舆论，并迅速登上微博热搜榜首，舆情热度走势如附图11所示。一时间，微视频、动图、现场照片等在各大平台"疯传"。孙杨提出"One more time"的这一细节被精准聚焦，迅速且直接地触及民众的民族自豪感，随之而来的大量主流报道也凸显着国人对此举的高度评价。事件在持续引发媒体、网民热议，并分别带动舆情热度在孙杨比赛结束和亚运会闭幕时再度升温。

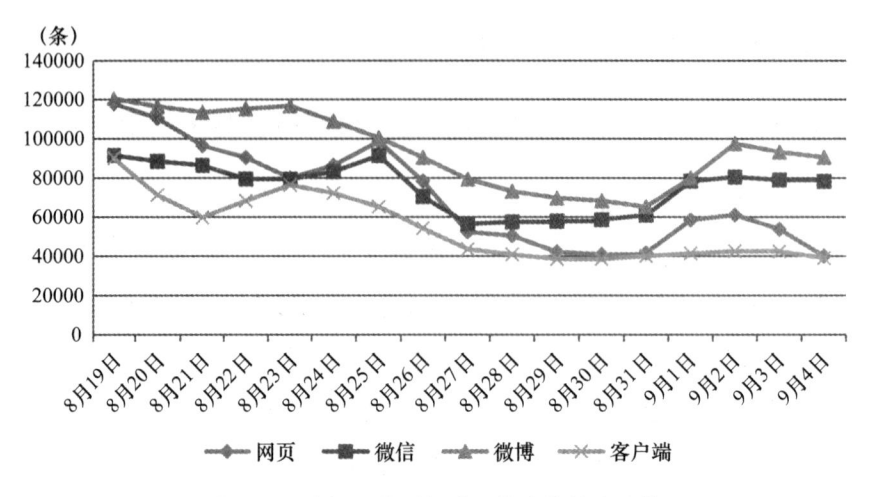

附图11 孙杨要求重新升国旗舆情热度走势

资料来源：国内著名数据科技公司依据全网监测数据制作。

（2）热门词汇

亚运赛场要求重升国旗，"孙杨""大白杨""中国""国旗""国歌""金牌"等词汇迅速占据话题中心，"One more time"这一细节也被舆论聚焦，引爆国人爱国热情。"国格""骄傲""好样的""楷模""榜样""点赞""尊严""硬气"等正面评价密集出现，成为舆论场的主流声音。

3. 舆论反馈

媒体层面，《人民日报》、新华网、中国青年网等央级主流媒体对这一细节进行了全面纵向的跟踪报道和解读，使爱国主义精神获得了最大程度的宣传。与此同时，部分媒体则迅速将直播画面剪辑成短视频，进行广泛传播，播放量迅速破千万，激发国人满满自豪感。

网民关于孙杨要求重新升国旗事件的主要观点见附图12。网民层面，赛事相关报道、视频、GIF动图、图片等，在微博、论坛等社交平台引发疯狂转载。网友普遍对孙杨的行为表示高度赞扬，认为此举彰显国格，评价孙杨本人"大将风范""华夏男儿硬气"。

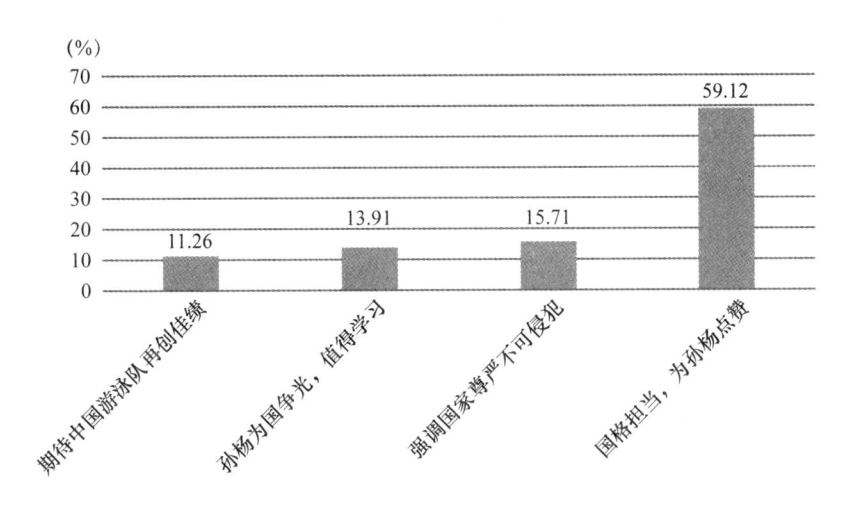

附图12　孙杨要求重新升国旗主要网民观点分布

资料来源：国内著名数据科技公司依据全网监测数据制作。

案例七：藏中电力联网工程投运，突破生命禁区创造世界之最

正能量点评　★

藏中电力联网工程的完成，不仅惠及藏区百姓满足西藏经济社会发展的用电需求，还为国家整体电力发展战略、边防安全、川藏铁路建设提供电力保障。面对艰险恶劣的施工条件，建设者们挑战生存极限，5次跨越雅鲁藏布江，在平均海拔3750米的高原施工，创造了多项世界之最，又一次向世界诠释了中国精神。藏中电力联网工程的竣工投运大大激发了网民的爱国情怀，纷纷向建设者们致敬，舆论场正面情绪激昂。

1. **事件概述**

2017年3月，藏中电力联网工程获国家发改委可研批复，4月6日开工建设。经历近20个月的建设，藏中电力联网工程竣工完成。2018年11月23日，藏中电力联网工程竣工投运大会在北京召开，这标志着世界海波最高、海拔跨度最大、自然条件最复杂的输变电工程藏中电力联网工程正式投运。2018—2020年，国家电网公司持续加大电网投资，全方位加强援藏工作，促进藏区电网高质量发展，力争2020年实现西藏全区电网互联互通，为服务西藏实现跨越式发展和全面建成小康社会作出新的更大贡献。

2. 大数据分析

（1）舆情热度走势

2018年11月23日，藏中电力联网工程正式投运，引发全国瞩目，主流媒体和商业媒体积极刊发报道，深度解读工程建设克服的难题及建成的意义，讲述建设者背后的故事，传递中国创造世界之最的喜讯，相关文章在微博、微信、客户端等平台引发传播热潮，舆情在短期内达到传播高峰。藏中电力联网工程事件舆情热度走势如附图13所示。

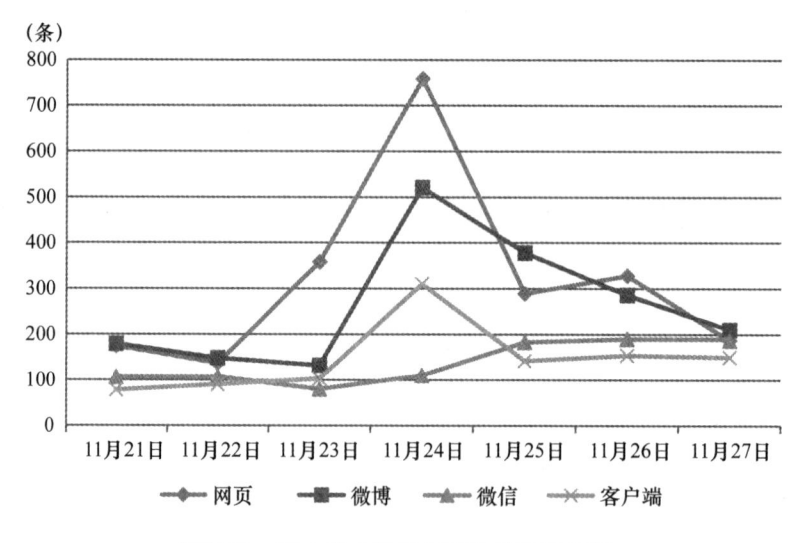

附图13 藏中电力联网工程舆情热度走势

资料来源：国内著名数据科技公司依据全网监测数据制作。

（2）热门词汇

藏中电力联网工程横空出世，创造了多项世界之最，"世界""电力""联网""工程",成为舆论热议的高频词。"西藏""海拔""建设""高原""挑战""运输""施工""复杂"等词汇也被广泛讨论,表明舆论高度关注藏中电力联网工程的建设难度和过程。此外,"工人""恶劣""辛苦""厉害""建设者""点赞"等高频词出现,源于网民被建设者们攻坚克难的精神感动,向辛勤的建设者致敬。

3. 舆论反馈

媒体层面,主流媒体担当报道主力,以图文、视频、H5、直播等多种报道方式,传递我国创造世界奇迹的喜悦,塑造建设者攻坚克难、拼搏奉献的形象标签。

网民关于藏中电力联网工程的主要观点如附图14所示。网民层面,藏中电力联网工程建设要同时面对大自然天险和极为脆弱的生态系统的挑战,网民感叹工程建设难度之大,为中国技术打call;工程建设背后的工人们备受舆论称赞,网民点赞建设者攻坚克难、拼搏奉献的精神,向辛勤的建设者们致敬。

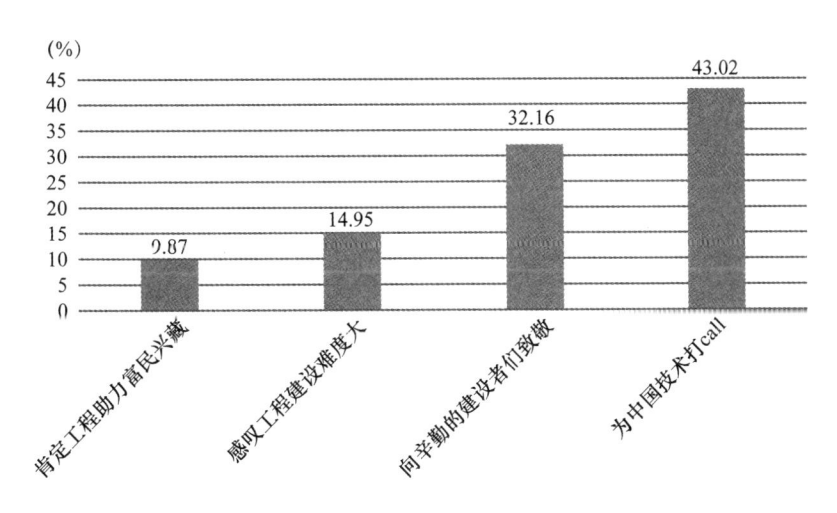

附图14 藏中电力联网工程主要网民观点分布

观点	占比(%)
肯定工程助力富民兴藏	9.87
感叹工程建设难度大	14.95
向辛勤的建设者们致敬	32.16
为中国技术打call	43.02

资料来源:国内著名数据科技公司依据全网监测数据制作。

案例八：96 岁坚守手术台，吴孟超挺起新时代共产党员的精神脊梁

正能量点评　★

从医 75 年，吴孟超创造了数万个生命奇迹，为无数个家庭重燃希望的火把；传道授业 69 载，吴孟超亲手带过四代徒弟，撑起我国肝胆外科学科。选择回国、选择从医、选择参军、选择跟党走，无论是战争年代还是和平时期，吴孟超每一次抉择都是为了党和人民。他一生诠释的"爱党、爱国、爱民"精神，更是新时代青年锤炼"爱国、励志、求真、力行"的鲜活典范。

1. 事件概述

96 岁的吴孟超，至今坚守在手术台前，从医 75 年，创造了数万的生命奇迹。2018 年 7 月 14 日，吴孟超登上央视《朗读者》的舞台，一封信让主持人董卿泪如雨下，与此同时，其感人事迹也迅速成为舆论焦点。他创造了中国医学界乃至世界医学肝胆外科领域的无数个"第一"，这无数个"第一"无不见证着中国肝胆外科从无到有、从有到精的卓绝的探索，更记录着国之大医匡危济世的至高境界。

2. 大数据分析

（1）舆情热度走势

吴孟超 96 岁高龄坚守手术台事件的舆情热度走势见附图 15。吴孟超是中国科学院院士、国家最高科学技术奖获得者、"中国肝脏外科之父"，他修医德、重品行、行仁术，德行一直为业界所称道。2018 年 7 月 14 日，吴孟超登上央视《朗读者》的舞台，其个人事迹感动国人，舆论对于吴孟超的关注热情随即升至顶峰。此后，多家媒体、自媒体刊发长篇文章，讲述吴孟超成长轨迹、个人荣誉和创造的行业奇迹等，持续点燃民众关注热情，民众感动于吴孟超妙手仁心之时，也被其爱国、敬业精神所折服。

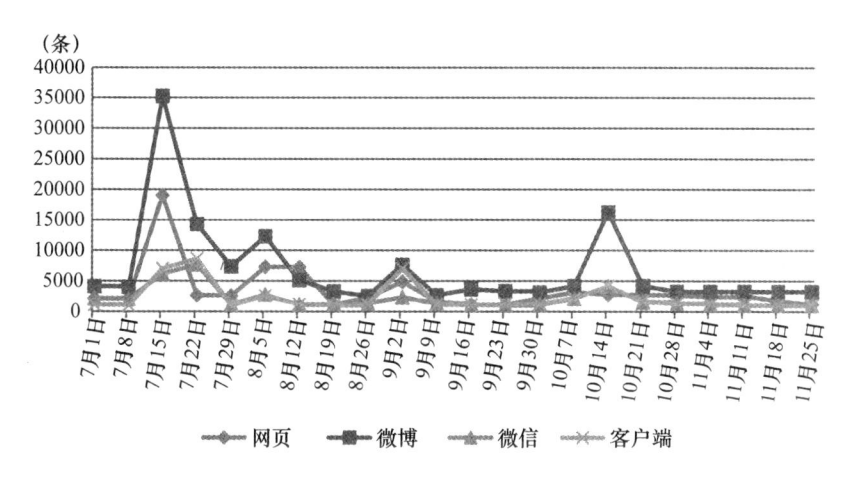

附图15　吴孟超96岁高龄坚守手术台舆情热度走势

资料来源：国内著名数据科技公司依据全网监测数据制作。

（2）热门词汇

吴孟超作为中国肝脏外科的主要创始人和开拓者，是中外闻名的肝胆外科专家，舆论对其关注点更多地集中在其专业领域成就上，因而"96岁""肝脏""手术台""手术""外科""切除""第一""医学""病人"等词汇成为绝对热词。部分媒体对其过往经历的关注，使得"青年""西藏""党员""回国"等词汇高频出现；同时，吴孟超的"精神"深刻影响着网民，"国家栋梁"也成为主流舆论对吴孟超的集中评价。

3. **舆论反馈**

媒体层面，以央视新闻、新华网等为代表的主流央媒深入挖掘吴孟超坚守手术台的素材，综合运用快讯、专题报道等形式，并通过文字、微视频、GIF动图等传播手段综合报道，在全媒体平台进行分发，使得网民深入了解吴孟超医德典范。

网民关于吴孟超的主要观点如附图16所示。网民层面，吴孟超96岁仍坚守手术台，以其极高的专业水准挽救了一个个濒危生命。网民感动于吴孟超坚守一线的敬业精神以及精湛的医术，称赞他为中国肝胆外科所做出的卓越贡献，称其为医界楷

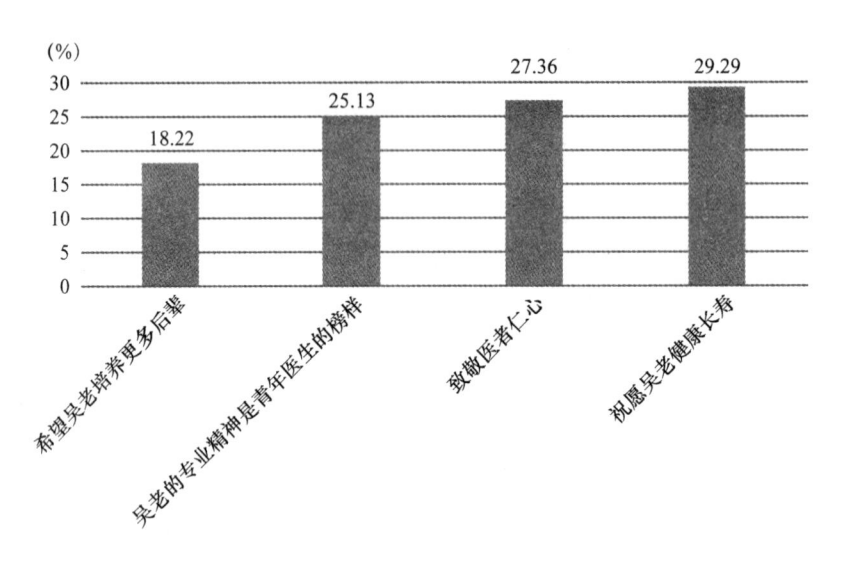

模,是后辈的榜样,无愧于中国脊梁,无愧于中国精神!

观点	百分比
希望吴老培养更多后辈	18.22
吴老的专业精神是青年医生的榜样	25.13
致敬医者仁心	27.36
祝愿吴老健康长寿	29.29

附图 16　吴孟超 96 岁高龄坚守手术台主要网民观点分布

资料来源:国内著名数据科技公司依据全网监测数据制作。

案例九:扫雷战士杜富国,英雄壮举谱写新时代强军战歌

正能量点评　★

生死一瞬,舍身一挡。杜富国保护了战友,自己却失去了双手和双眼;一句"你退后,让我来!",凝练着一名士兵的崇高品质,见证着一名扫雷兵的英雄传奇。以杜富国为代表的与死神较量的扫雷兵,始终把人民的利益装在心中,以实际行动践行了"争做习主席的好战士"的铮铮誓言,用青春印记书写了"四有"新时代革命军人的风采荣光。集中弘扬杜富国同志先进事迹,有助于进一步固牢广大官兵对党忠诚根基、永葆革命军人本色,汇聚形成建设强大的现代化新型军队的磅礴力量。

1. 事件概述

2018 年 10 月 11 日下午,云南扫雷大队扫雷四队中士杜富国在云南省麻栗坡县某雷场扫雷时,发现一枚少部分露于地表的加重手榴弹弹体。他对同组作业的战士艾岩说"你退后,让

我来",独自上前排除手榴弹时突遇爆炸。① 杜富国用身体挡住弹片,保护了战友,自己却失去双手和双眼。② 2015年6月,国务院、中央军委启动第三次大面积扫雷行动,明确要求彻底清除雷患。③ 至今,以杜富国为代表的扫雷官兵舍生忘死,艰苦奋战,共扫除雷区57.6平方公里,搜排地雷和各种爆炸物19.82万枚。扫雷军人以特有的方式,将一片安全的土地归还边疆人民。

2. 大数据分析

(1) 舆情热度走势

"扫雷战士杜富国"的舆情热度走势如附图17所示。2018年10月11日,扫雷战士杜富国在雷场作业时突发意外;同年10月底,杜富国先进事迹被各大媒体集中报道后,在军内外引起广泛关注和强烈反响,"扫雷战士杜富国"成为正能量典型人

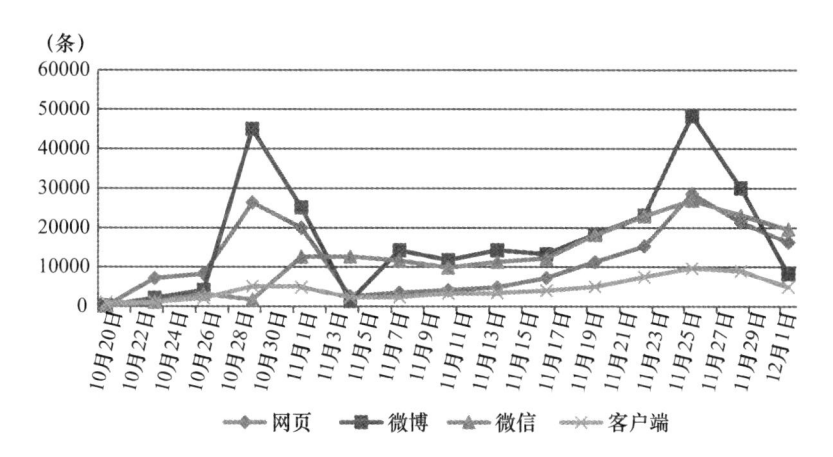

附图17 "扫雷战士杜富国"舆情热度走势

资料来源:国内著名数据科技公司依据全网监测数据制作。

---

① 贵阳日报:《解放军官兵和广大群众掀起学习"排雷英雄"杜富国事迹热潮》,http://www.gywb.cn/content/2018-12/25/content_5964913.htm。

② 同上。

③ 同上。

物，舆论热度迅速攀升。2018年11月，杜富国先后荣获一等功、入选陆军首届十大标兵提名人选再次引发舆论广泛关注，舆论一致为扫雷战士杜富国的壮举点赞。

（2）热门词汇

扫雷战士杜富国为战友血染雷场的事迹经媒体报道后，迅速引发全网关注，带动"扫雷战""双眼""冲击波""伤情""任务""爆炸""边境"等事件相关词汇高频出现。舆论一致为扫雷战士杜富国英勇无畏的军人本色点赞，同时向广大扫雷官兵、中国军人致以崇高敬意，"英雄""无私奉献""英勇""舍身""忘我""乐观"等评价性词汇正能量爆棚，则反映了舆论对于杜富国英雄壮举的敬佩、崇敬之情。

3. 舆论反馈

媒体层面，地方媒体跟进报道事件进展，人民网、新华网等多家主流央媒持续聚焦，涉军媒体如中国军网等亦对此事保持高度关注，宣扬扫雷战士杜富国舍己为人、勇于奉献的大无畏精神。

网民关于"扫雷战士杜富国"的主要观点如附图18所示。

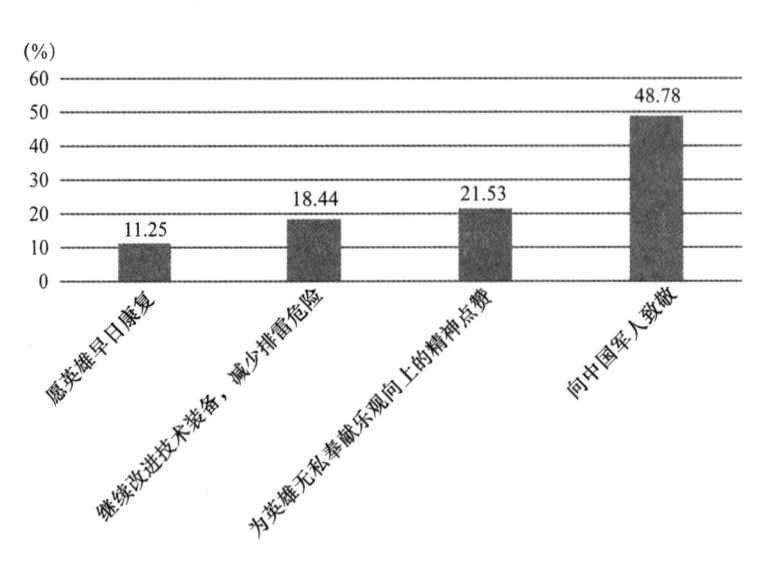

观点	占比(%)
愿英雄早日康复	11.25
继续改进技术装备，减少排雷危险	18.44
为英雄无私奉献乐观向上的精神点赞	21.53
向中国军人致敬	48.78

附图18 "扫雷战士杜富国"主要网民观点分布

资料来源：国内著名数据科技公司依据全网监测数据制作。

网民层面,舆论一致为扫雷战士杜富国的无私奉献、乐观向上的精神点赞,赞扬其英勇无畏的军人担当,同时向广大扫雷官兵、中国军人致以崇高敬意。网民祝愿杜富国早日康复,愿英雄"眼睛失去光明,心里升起太阳"。

案例十:五部门共治影视阴阳合同,重拳治乱象行业发展可期

正能量点评 ★

五部门联合大刀阔斧的改革,重拳直击影视业乱象,是刺破影视行业虚高收入泡沫、铲除滋生偷税漏税土壤的有益之举,从根本上规范影视业税收秩序,将中国影视行业带回"正途"。阴阳合同的出现,破坏了社会公平正义,向乱象亮出法治之剑,顺民意、聚民心的同时,有利于促进社会公平发展。

1. 事件概述

2018年6月,国家税务总局责成江苏等地税务机关依法开展调查核实。之后,中宣部、国家税务总局等五部门联合印发《通知》,要求加强对影视行业天价片酬、"阴阳合同"、偷逃税等问题的治理,控制不合理片酬,推进依法纳税,促进影视业健康发展。[①] 同年7月13日,国家税务总局要求各级税务机关加强影视行业税收征管。[②] 同年8月11日,优酷、腾讯、爱奇艺三大视频网站联合六大影视制作公司发布声明,表态将共同抵制艺人"天价片酬"、偷逃税、"阴阳合同"等违法行为。同年9月3日,横店各影视公司响应税务局通知,终止定期定额征收方式,改为查账征收。[③] 同年10月,国家税务总局下发通知,部署开展规范影视行业税收秩序工作,[④] 要求各地自查

[①] 杨云舒:《网络舆情政策议程触发机制研究》,硕士学位论文,云南大学,2019年。

[②] 同上。

[③] 同上。

[④] 张配豪:《中国电影"选择题"》,《人民周刊》2018年10月1日。

自纠。

2. 大数据分析

(1) 舆情热度走势

五部门共治影视阴阳合同的舆情热度走势如附图19所示。2018年6月,国税总局及时响应、责令当地税务局介入调查,五部门联合发文整治影视业阴阳合同,这一系列有力行动高度契合了民众心理预期,舆情热度进一步爆发增长到达顶峰。同年8月,三大视频网站联合六大影视公司响应政策表态抵制不合理片酬与行业不正之风,受到网民和媒体好评。同年10月,影视行业开展自纠自查,某明星偷逃税款案水落石出,8亿多元的追缴和罚单震动舆论,舆情热度居高不下。

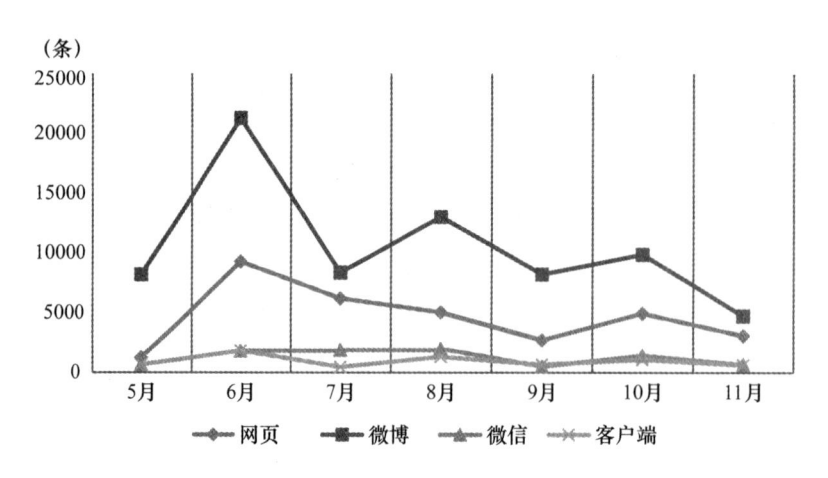

附图19 五部门共治影视阴阳合同舆情热度走势

资料来源:国内著名数据科技公司依据全网监测数据制作。

(2) 热门词汇

国家税务总局高度重视,无锡市滨湖区地税局介入调查核实,主流媒体和商业媒体迅速跟进,"无锡""国税局"等引发舆情热议。此外,"稽查""彻查""整治""标准""合理""控制"等词汇密集出现,展示国家大力改革整顿影视业乱象的决心,成为舆论场的主流声音。

3. 舆论反馈

媒体层面，主流媒体聚焦国税局发声、税务局调查情况、五部门发文、三大视频网站和六大影视公司表态等各方回应，深度剖析影视业不合理片酬、偷漏税、阴阳合同等问题，理性发声高度肯定五部门共治影视业阴阳合同的重大意义，充分发挥了舆论引导力。

网民对于五部门共治影视阴阳合同的主要观点如附图20所示。网民层面，影视圈天价片酬、阴阳合同、偷逃税问题的曝光，网民对此反映强烈，强烈要求严查严惩相关违法行为，肃清影视业乱象。多部门联合出拳，迅速介入调查向乱象亮出法制之剑，契合公众对于公平正义的期待，税务机关的积极作为获得网民肯定的同时，也提振了规范国内影视业良性发展的信心。

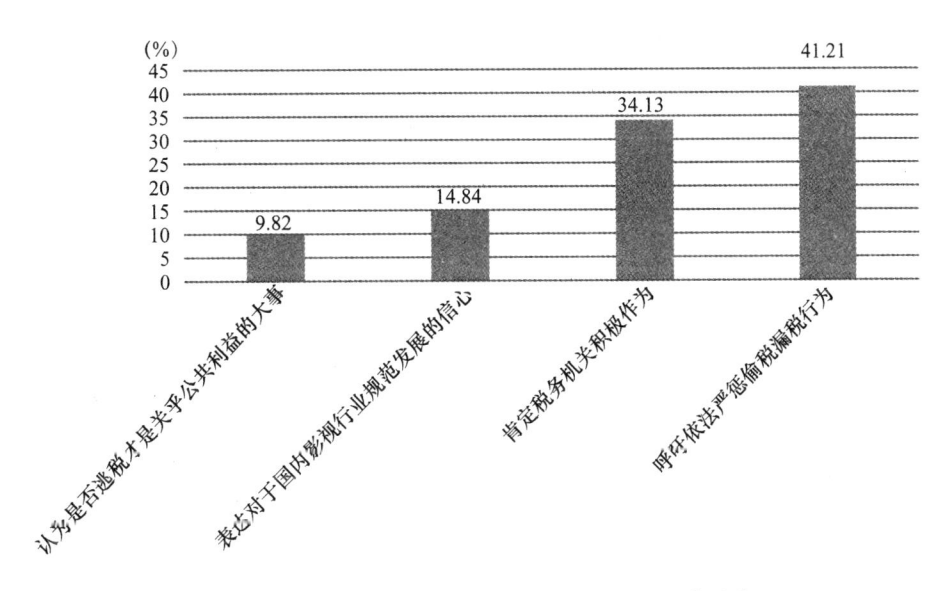

附图20　五部门共治影视阴阳合同主要网民观点分布
资料来源：国内著名数据科技公司依据全网监测数据制作。

二　2019年第一季度正能量评论文章解读

正能量评论文章数据由国内著名数据科技公司提供。数据分析过程主要分两个阶段进行。前期从16家新闻网站中收集所有评论板块文章，由于网站端无量化数据维度，依靠人工价值判定选取90篇评论文章。后期课题组成员首先去除内容近似度较高的文章，然后结合AMI指标体系的各级指标，综合考虑文章内容与主题、价值导向、社会影响，以及文章来源、文章位置，采用定性为主、定量为辅的方法对90篇文章进行打分，最终得到2019年第一季度排名前十的正能量评论文章的标题、总分及各项得分（见附表3）。

附表3　2019年第一季度正能量评论文章排名

排名	标题	总分	吸引力（30）	管理力（30）	影响力（40）
1	一带一路推动形成开放新格局	99	30	30	39
2	"我将无我，不负人民"源头治理为基层减负	98	30	29	39
3	亚洲的博鳌世界的博鳌	97.5	29	30	38.5
4	百尺竿头，习主席访欧助推中欧关系更进一步	97	29	30	38
5	更大力度减税降费实体经济迎来大发展契机	96	29	28	39
6	维护校园食品安全，让校长和学生"同吃一口饭"	95.5	28	29.5	38
7	博士打假，让学术回归纯粹	94	28	29	37
8	落实携号转网，运营商能否说到做到	93.5	29	26.5	38
9	与公摊面积说再见？尚有三个问题待思考	93	28	28	37
10	早教市场，还宜"早"监管	92	27	29	36

资料来源：课题组依据采集的数据和网络正能量综合评价指标体系制作。

三　2019年第一季度微信公众号涉军热文解读

微信公众号涉军热文数据由国内著名数据科技公司提供。数据分析过程主要分两个阶段进行。前期数据科技公司从平台中收录的近2000万个公众号中提取第一季度涉军题材文章共计55059篇，在考虑阅读量和点赞量的基础上，结合人工对文章内容进行价值判断，从中选出正能量热文39篇。后期课题组成员首先去除内容近似度较高的文章，然后结合AMI指标体系的各级指标，综合考虑文章内容与主题、价值导向、社会影响，以及文章来源、文章位置、阅读量、在看数（即点赞量），采用定性为主、定量为辅的方法对39篇文章进行打分，最终得到2019年第一季度微信公众号涉军文章排名前十的标题、总分及各项得分（见附表4）。

附表4　　2019年第一季度微信公众号涉军文章排名

排名	标题	总分	吸引力(30)	管理力(30)	影响力(40)
1	震撼！6分钟击中3个看不见的目标，中国军人做到了	99	30	29	40
2	中国4万维和军人：牺牲在世界和平到来之前	98	30	29	39
3	他选择与飞机一起坠毁，原因看哭……这几个字读懂中国军人	96.5	29	28	39.5
4	习近平：在新的起点上做好军事斗争准备工作	96	28	30	38
5	退役军人事务部与10家银行签署拥军优抚合作协议	95	29	29	37
6	除夕夜，请别忘记时刻坚守的中国军人	94.5	28	29	37.5
7	军人家庭医疗保障卡，3大央企共保来了	93	28	29	36
8	今日聚焦：对越自卫反击战40周年！6954名军人牺牲，却几被遗忘……	92.5	26	30	36.5
9	婴儿5米高空滚落，兵哥哥飞身救人！	92	27	27	38
10	外媒："中国军事威胁论"可以休矣	91.5	28	27.5	36

资料来源：课题组依据采集的数据和网络正能量综合评价指标体系制作。

参考文献

期刊

毕可佳：《基于企业盈余管理治理对策的管理层绩效评估制度探究》，《中小企业管理与科技》（上旬刊）2012年第6期。

马顺成：《群体性事件心理归因及疏导探析》，《广西警官高等专科学校学报》2010年第5期。

沈正赋：《信息采制主体及其传播方式的历史嬗变与现代转型》，《现代传播》（中国传媒大学学报）2015年第8期。

陈传蕊：《法约尔管理思想对现代管理的启示》，《智库时代》2019年第26期。

李萌：《高校后勤预算管理的对策研究》，《高校后勤研究》2012年第3期。

李倩：《激发创新活力 助力强国建设》，《中国知识产权报》2018年第8期。

彭张林、张爱萍、王素凤、白羽：《综合评价指标体系的设计原则与构建流程》，《科研管理》2017年第S1期。

肖干：《坚定改革开放信心决心 凝聚转型发展强大合力》，《淮北日报》2019年2月2日。

肖潇、白晚莹、张文鹏：《新时期部队勋奖制度的完善对国防的积极作用》，《法制与社会》2016年第25期。

新华社：《中办印发关于在全体党员中开展"两学一做"学习教育方案 学党章党规 学系列讲话 做合格党员》，《当代广西》

2016年第5期。

闫月婷、米展、廖传华、冯志祥、季红飞:《以废纸为原料的造纸企业节水减排评价体系的构建》,《中国造纸》2014年第6期。

杨斌艳:《我国互联网音视频传播的发展及其规制变迁》,《新闻与传播研究》2012年第5期。

张超:《浅析微信舆论场传播特点及引导策略》,《新闻研究导刊》2016年第21期。

张刚:《辩证认识和对待管理水平提升的思考》,《管理观察》2015年第17期。

张配豪:《中国电影"选择题"》,《人民周刊》2018年10月1日。

学位论文

何洁:《当下中国电视娱乐节目正能量传播研究》,硕士学位论文,南京理工大学,2015年。

任燎原:《高校医学生社会主义核心价值观培育研究》,硕士学位论文,吉首大学,2018年。

奚汇:《网络"正能量"的内涵及传播途径研究》,硕士学位论文,辽宁工业大学,2015年。

杨云舒:《网络舆情政策议程触发机制研究》,硕士学位论文,云南大学,2019年。

电子文献

"学习强国"学习平台:《VW001.041 习近平论互联网建设与管理（2015年）》,https://www.xuexi.cn/lgpage/detail/index.html? id=18234995235551550980。

贵阳日报:《解放军官兵和广大群众掀起学习"排雷英雄"杜富国事迹热潮》,http://www.gywb.cn/content/2018-12/25/content_ 5964913. htm。

李群：《五个一百：聚合新时代更加强劲的网络正能量》，http：//pinglun. youth. cn/ttst/201802/t20180208_ 11395744. htm。

默盐：《习近平谈文艺工作，这10句话振聋发聩注定影响深远》，http：//news. eastday. com/c/20151015/u1a9064883. html。

人民网—中国共产党新闻网：《七个关键词，带你读懂习近平的中国特色"治网之道"》，http：//cpc. people. com. cn/n1/2019/0419/c164113-31038208-3. html。

中国互联网络信息中心：第44次《中国互联网络发展状况统计报告》，http：//www. cnnic. net. cn/hlwfzyj/hlwxzbg/hlwtjbg/201908/t20190830_ 70800. htm。

后　　记

《"五个一百"网络正能量综合评价研究报告》是中国社会科学院中国社会科学评价研究院承担的中央网信办的一项重要课题。在这里，我想表示四个方面的感谢：

首先，我们感谢中央网信办网络评论局的鼎力支持，没有他们的支持我们无法接触网络正能量这个领域。特别是彭锋和崔俊飞同志的无私奉献，以及自始至终的指导与协调。

其次，我们感谢相关机构给予我们调研过程中的帮助，包括但不限于：人民网、央视网、新华社、抖音、快手、腾讯、京东、阿里巴巴、光明网、优酷、新浪、网易等。

再次，我们感谢中国社会科学出版社赵剑英社长的关怀，特别是喻苗主任和黄晗编辑的认真负责，在防疫的大考下，使得我们的研究成果能够顺利出版面世。

最后，我要感谢我的研究团队。中国社会科学院中国社会科学评价研究院是一个新成立的研究机构，前身为2013年12月成立的中国社会科学评价中心。2017年7月，中央机构编制委员会办公室正式批复成立中国社会科学院中国社会科学评价研究院。2019年4月，中国社会科学院人事教育局批准在评价院增设哲学社会科学诚信管理办公室。目前，中国社会科学院中国社会科学评价研究院共9个内设机构，分别为综合办公室、科研诚信管理办公室、评价理论研究室、机构与智库评价研究室、期刊与成果评价研究室、人才与学科评价研究室、评价数据研究室、公共政策评价研究室、评价成果编辑部。中国社会科学院中国社会科学评价研究院是中国社会科学院直属研究单位，切实履行"制定标准、组织评价、检查监督、保证质量"的评价职责和科研诚信管理职责，创建国内领先、国际知名的哲学社会科学评价研究机构。

本课题是组织院内外专家进行综合研究的一个尝试。全书由我担任主编，中国社会科学院中国社会科学评价研究院公共政策评价研究室马冉担任副主编，具体内部分工如下：

马冉负责总报告的撰写及课题统筹；

中国社会科学院财经战略研究院赵京桥博士负责榜样分报告的撰写；中国社会科学院中国社会科学评价研究院评价理论研究室王雪峰副研究员负责文字分报告的撰写；中国社会科学院法学研究所李霞副研究员负责图片分报告的撰写，中国政法大学杨开愚博士、中国社会科学院大学硕士研究生尚振娜、王萌参与部分研究；中国社会科学院新闻与传播研究所杨斌艳副研究员负责动漫音视频分报告的撰写，中国社会科学院大学新闻系硕士研究生吕静参与部分研究；

华侨大学法学院何家华博士负责专题活动分报告的撰写；中山大学资讯管理学院副院长陈定权教授负责本书的共词图、词云图制作；中国社会科学院中国社会科学评价研究院公共政策评价研究室刘彦林博士负责2018年度十大互联网正能量事件分数及排名、2019年第一季度正能量评论文章、2019年第一季度微信公众号涉军热文部分的撰写，并多次统稿、校对，对接出版社负责出版相关事宜。

总之，对我们而言，《"五个一百"网络正能量综合评价研究报告》的出版，不是我们研究的终点，而是我们继续研究的一个节点。我们希望得到各界的关注和支持，希望能够继续在网络正能量的研究中进一步深化，希望有更多的成果回报各界的厚爱！

荆林波
2020年6月17日

荆林波博士，现任中国社会科学院中国社会科学评价研究院院长，博士生导师，二级研究员，享受国务院政府特殊津贴专家，21世纪"百千万人才工程"国家级人选，经贸政策咨询委员会委员，供应链专家委员会委员，国家标准化管理委员会委员，多个部委特聘专家。参与多项国家和部委的重大课题研究及总理政府工作报告等重要文件起草，获得孙冶方经济科学奖、万典武商业经济学奖、"国家有突出贡献中青年专家"等多项荣誉。社会兼职包括中国物流学会副会长、中国商业经济学会副会长、中国烹饪协会副会长、中国社会科学情报学会副理事长、中国信息经济学会副理事长等。

马冉，中国社会科学院中国社会科学评价研究院助理研究员，公共政策评价研究室副主任（主持工作），中组部第七批援藏干部，中国社会科学院青年中心理事。主要研究领域为社科情报学、智库研究、公共政策评价等。曾先后在《世界社会主义》《理论动态》《经济日报》、智库要报、内参等发文二十余篇。主持中国社会科学院所级重点课题、西藏社会科学院重大精品课题项目等。主要参与荆林波研究员主持的"全球智库评价""中国智库综合评价"项目。长期为中央有关部门提交全球智库涉华研究报告并获得积极评价，借调中组部从事人才政策评价研究，智库研究报告获中国社会科学院优秀对策信息奖。